JN163006

戦争がイヤなら憲法を変えなさい

米中対決と日本

産経新聞ワシントン駐在客員特派員
古森義久
Yoshihisa Komori

飛鳥新社

戦争がイヤなら憲法を変えなさい　目次

第一章
アメリカは警告する——7

第二章
米中戦争も尖閣から始まる——49

第一章
アメリカは警告する

戦争の危機が迫っている

日本はいま国難とも呼べる危機に直面している。

国家の危機と呼んでもよい。

切迫した戦争の脅威とも表現できるだろう。決しておおげさな記述ではない。

日本という国家の主権、そして固有の領土が中国によって侵食されつつあるのだ。日本側がその侵略を止めようと動けば、戦争にもなりかねない、という状態が生まれているのである。

日本にとっての安全保障上の危機や危険といえば、いま大多数の日本国民は北朝鮮を思い浮かべるだろう。

だが真の危機は、中国の尖閣諸島に対する、軍事力を背景とする攻勢なのだ。

ワシントンでアメリカ側の専門家たちの言に耳を傾けると、どうしてもそんな情勢が浮かびあがる。

なぜワシントンでの判断なのか。なぜ肝心の東京での分析ではないのか。

理由は簡単である。中国の軍事的な動向や意図に関しては超大国のアメリカ側が、わが日本よりもずっと多くの情報、諜報をつかんでいるからだ。

中国の軍事動向、とくに日本に直接の影響を及ぼす中国の海洋戦略の研究では、アメリカはじつに幅広く、奥の深い専門家層や専門機関を有している。中国の軍事や戦略をつかむ情報の量や質では、ワシントンと東京とでは「次元が違う」といって過言ではないギャップが存在するのである。

アメリカ側で中国の海洋戦略を一貫して研究する官民の専門家たちに、尖閣諸島の日中対決についての見解を尋ねると、「日本にとって国家安全保障への重大な脅威や危機が迫ってきた」とみな一様に口をそろえて警告する。

「トランプ政権の尖閣諸島防衛の公約にもかかわらず、中国は尖閣海域への侵入を増し、日本の施政権の侵食に成功しています。このままだと中国は尖閣施政権の共有を宣言しかねず、日本にとっては危機が高まったといえます」

冷静な口調でこう述べるのは、中国の海洋戦略研究では全米でも指折りの権威とされるトシ・ヨシハラだ。

ヨシハラは長年、アメリカ海軍大学の教授を務めてきた。同時に海軍大学付属の「中国海洋研究所」の研究員をも兼務してきた。二〇一七年はじめからワシントンの超党派の大手研究機関の「戦略予算評価センター（ＣＳＢＡ）」に移り、その上級研究員となった。

その名前が示すようにヨシハラは日系アメリカ人である。ジョージタウン大学、ジョンズホプキンス大学院を経て、タフツ大学で博士号を取得した戦略研究の学者である。アジア太平洋の安全保障、とくに中国の軍事戦略、海洋戦略を専門対象とし、民間のランド研究所やアメリカン・エンタープライズ研究所（ＡＥＩ）でも活動してきた。

彼は日本人の父、台湾人の母のもとで、少年時代まで台湾で育った。そのため、中国軍関係者との頻繁な交流も流暢な中国語でこなすという。

ホワイトハウスから至近のワシントン中心街に、「戦略予算評価センター（ＣＳＢＡ）」のオフィスはある。ヨシハラはこの研究機関の上級研究員である。二〇一七年三月六日、私はヨシハラにここでインタビューを行った。

日本ではこの頃、北朝鮮の軍事脅威を心配する声が広まっていた。カルト国家とも言うべき独裁国家の北朝鮮は、核兵器の開発にひた走る。しかも各種の弾道ミサイルを開発し、日本に向けて発射する。さらには、その頻度も高まってきた。日本としてはいやでも北朝鮮の脅威を実感させられる事態に直面していた。

その一方、二〇一七年一月二十日に登場したトランプ政権は、中国が奪取を狙う尖閣諸島の防衛を日本に対して約束した。トランプ大統領をはじめ、ティラーソン国務長官、マティス国防長官らがみな口をそろえて、「尖閣諸島は日米安保条約の適用の対象となる」と言明したのだ。

「安保条約の適用の対象」とは、尖閣諸島が日本の施政権下にある限り、もし外部からの軍事攻撃を受ければ、アメリカは日本とともにその防衛にあたる、という意味である。

「万が一、中国軍が尖閣諸島を攻撃してきても、米軍が出動してくれる」

日本国民の間にはこんな思いが広がったといえよう。日本はこれらの発言を受け、尖閣について〝ほっと一息〟をついたことだろう。

ところがワシントンでアメリカ側の専門家たちの情勢分析を聞くと、尖閣の危機は決して去ってはいない、というのである。

それどころか、ヨシハラは中国側の尖閣への攻勢はトランプ政権の登場以後も減ってはいない、かえって増している、というのだ。

中国の尖閣諸島への攻勢はここ数年、絶えることがなかった。

日本の海上保安庁にも似た「中国海警」の武装艦艇が、尖閣を囲む日本の領海や接続水域にわがもの顔で侵入してくる。中国の戦闘機なども日本の領空への侵犯や異様な接近、威嚇を繰り返す。

尖閣諸島は日本の固有の領土である。沖縄県の一部でもある。だが中国は根拠のない領有権を主張し、物理的な侵入を繰り返す。その目的が尖閣諸島の支配、つまり日本からの尖閣の奪取であることは歴然としている。

中国側の尖閣への攻勢は二〇一六年八月にも一段とエスカレートした。日本の領海へ侵入してくる艦艇の数が異様に増えた。しかも「漁船」と称する小型の舟艇が数百隻もの単位で尖閣諸島に接近してきたのだ。

元アメリカ国防総省日本部長で、いまは民間の安保研究機関「グローバル戦略変容」所長のポール・ジアラが警告する。

「日本側はとくに中国の『漁船』に注意しなければなりません。事実上の中国の民兵組織だからです。みな武装しており、中国人民解放軍の命令で動くのです。

『漁船』を動員して日本に軍事圧力をかける、中国の手法は巧妙です。日本はまず尖閣諸島の防衛能力を高めねばならないでしょう。いまの事態はアメリカにとっても深刻であり、日米同盟による対処が必要なのです」

ジアラはハーバード大学を卒業してアメリカ海軍に志願し、海軍機パイロットとして主にアジア地域に勤務した。その後、現役の海軍士官のまま国防総省勤務となり、日本部長を務めた。

退官後はワシントンの複数のシンクタンクでアジアの安全保障や日米同盟についての研究を重ね、現在の「グローバル戦略変容」という研究機関を設立した。本来は日米安保関係が最重点の専門分野だったが、ここ数年は中国の軍事動向により多くの注意を向けるようになったという。

ワシントンのアメリカ側中国研究者で知名度の高いロバート・サターも、尖閣をめぐる事態を深刻にみていることを明らかにした。

サターはアメリカ政府の国務省、国家情報会議、中央情報局（ＣＩＡ）などの機関で、中国担当の専門官として三十年以上を過ごしてきた。政府を離れてからもジョージタウン大学の教授を務め、現在はジョージワシントン大学教授である。

サターは中国の対外戦略研究ではアメリカでも有数の権威とされている。単に海洋戦略だけでなく、中国の対外的な動き全体を細かく追い、鋭い分析を続けてきた人物だ。

「中国が物理的、つまり軍事的な手段をも含めて、とにかく尖閣諸島を名実ともに自国領にしたいと意図していることはあまりに明白です。日本側は尖閣への中国の武力占拠の試みをはね返す、抑止能力の明示が欠かせないと思います」

やはり日本にとって重大な国家の危機なのである。

アメリカは守ってくれない?

アメリカ側で中国の海洋戦略を最も集中的に研究している機関といえば、アメリカ海軍大学の付属の「中国海洋研究所」である。

この研究所は東海岸ロードアイランド州の由緒ある海辺の都市、ニューポートの海軍大学校の内部にある。海沿いの広大な地域に広がる海軍大学校では、海軍の少佐級の幹部候補生らに特別な教育や訓練を行っている。毎年六百人ほどの研修生が入学し、平均二年の大学院レベルの専門教育を受けるが、海軍大学校は同時に海にからむ軍事や安全保障の諸課題を多角的に研究し、調査する機関でもある。

恒常的な研究部門がいくつも設けられ、多数の専門家が常勤の形で研究や調査を進め、結果を発表する。そうした海軍大学付属の研究機関の筆頭が中国海洋研究所なのである。

この研究所はその名のとおり中国の海洋面の台頭を専門に調査し、分析することを目的に、二〇〇六年に設立された。要するに中国の海洋戦略だけを研究する機関が、米海軍の主要機構内に確立されているのだ。

二〇〇六年といえば、中国の海洋での動きに対するアメリカ側の関心が高まった時期だ。ピーター・ダットンは二〇〇七年にその研究員となり、二〇一一年には所長となった。その中国海洋研究所のダットン所長にも尖閣情勢についての見解を聞いてみた。

「中国の最近の尖閣海域での動きは明らかに日本を威圧する作戦の新たなエスカレーションだといえます。中国の当面の狙いが、日本を領土問題での二国間協議に引き出すことであることは明白です」

日本政府は、尖閣諸島は日本の固有の領土だから、もちろん中国の主権の主張は認めない。領土紛争が存在することも認めない。だから尖閣諸島の主権や施政権をめぐる、日本と中国との協議などという概念はそもそも認めていない。そうしたスタンスを一貫してとってきた。

だが中国側は日本側が拒む二国間協議をなんとか実行させようと——つまり日本側を引きずり出そうと必死になっている、というわけだ。

ダットンは次のような警告をも発した。

「現在、尖閣情勢が軍事衝突に発展する危険性を、アメリカ側としても重くみざるをえません。同時にアメリカの当面の役割は、そうした軍事衝突を抑止することです」

ダットンも先に紹介したヨシハラと同様、あるいはそれ以上に中国の海洋戦略研究では全米で名の知られた専門家で、アメリカ海軍パイロットの出身である。その後に法律や安全保障を学び、法学博士号を取得する一方、東アジアの安全保障、とくに中国人民解放軍の海洋戦略を中心に研究を重ねてきた。

南シナ海や東シナ海での中国の動向についての研究論文の発表も多く、海軍大学校の教授をも務めるダットンは連邦議会の公聴会や民間のシンポジウムなどには「その道の権威」として必ず招かれる。そんな人物の見解を、日本は重く受けとめるべきであろう。

アメリカ側専門家たちの以上のような見解に接すると、尖閣情勢は日本にとって、いまや「すぐ目の前にある明白な危機」とみなさざるをえない。

なぜ日本の危機なのか。中国は究極的に何を意図するのか。日本はどうすべきなのか。

こうした諸点を、これまで簡単に紹介してきた四人のアメリカ側の専門家たちに一対一のインタビューでさらにくわしく尋ねてみた。その内容の詳細を紹介しよう。
　第一に、「戦略予算評価センター（ＣＳＢＡ）」の上級研究員トシ・ヨシハラの見解をさらに詳しく聞いてみた。

――日本では尖閣諸島への中国の攻勢は、トランプ政権の尖閣防衛の言明で一段落したのではないかという受けとめ方が多いようですが、尖閣情勢の現状はどうですか。

ヨシハラ「確かに尖閣防衛に関してはトランプ政権の一連の言明はオバマ政権のそれより強く、曖昧さが少ないといえます。このことは日本にとってもアメリカにとっても好ましいでしょう。
　しかし中国の東シナ海へのアプローチ、とくに尖閣への攻勢は変わっていません。むしろ強化されたといえます。尖閣海域に入ってくる中国海警の警備艦隊は二〇一六年中ごろまで二隻編成だったのが、四隻に増え、トランプ政権の登場後も増強されたままです。
　現在では中国海警の艦艇は尖閣の日本の領海や接続水域に月平均三、四回、侵入してきますが、すでに恒常的かつ自由自在に尖閣海域をパトロールできる能力を、ほぼ獲得したといえます。だから中国は尖閣の施政権の共同保有をも宣言できそうな状態にあるのです」

――施政権の共同保有というのは日本側の施政権が侵食される、あるいは骨抜きになるということだと思いますが。

ヨシハラ「そうです。中国側からすれば尖閣の海域はすべて、一日二十四時間、一週間のうち七日、つまり恒常的に自国の艦艇でパトロールできるようになったわけです。だから日本の主張を無視する一方的な言明にせよ、尖閣の施政権は中国が保有し、少なくとも日本との共有なのだと宣言できるのです。

ただし中国は、実際にはその宣言はまだしていませんが、できる状態に近づいたということです。尖閣海域にはもう、中国の艦艇が常に存在するのだという状態を日本やアメリカ側に誇示し、それが正常な状態なのだと思わせる意図です」

――そうなると、日本の施政権が侵食され、日米安保条約の適用にも影響を及ぼすことになります。安保条約はアメリカが「日本の施政権下にある領域」を防衛すると述べているから、その施政権がもう日本だけのものではないとなれば、尖閣は日米安保条約の対象にはならなくなってしまいます。

ヨシハラ「それは日本の国家安全保障にとって危機的状況でしょうね。中国が海警だけで攻勢をかけても、正規の軍事攻撃ではないため、安保条約での米軍の出動の条件にはならないでしょう。しかも中国はいまや、海警の個々の艦艇を新鋭の大型船へと交代させています。

さらにじわじわとその性能を高め、日本の海上保安庁の巡視船を疲弊させているのです。持久戦、消耗戦略なのです。日本側の現状をみると、本当に消耗させられてしまいそうだと思います」

――海警は実際には人民解放軍の指揮下にあり、東シナ海でも正規の中国海軍が動きを活発化していますが。

ヨシハラ「尖閣に関する中国側の新しい動きとして注目されるのが、その中国海軍の東シナ海での増強です。海軍が艦艇の数を増し、演習も規模と回数を増しています。二〇一六年十二月には空母の遼寧(りょうねい)を中心とする機動部隊が宮古海峡を通り、台湾の東岸を抜けて南シナ海へと航行し、新たな大規模演習を実施しました。

最近でも三月はじめに、別の中国艦隊が同じように宮古海峡を通過しました。航空機の活発な動きもそれに合わせて目撃されています。中国人民解放軍は東シナ海での活動を強め、勢力圏を拡大して、戦略的特権を確立しようとし

トシ・ヨシハラ
(Toshi Yoshihara)

ているのです」

――中国側が東シナ海で「戦略的特権」を拡大する狙いは何ですか。

ヨシハラ「東シナ海でのパワーバランスを決定的に中国側に有利な状況にして、かつコントロールできるようにすることだといえます。しかしその背後には中華帝国の復興という野望があります。習近平国家主席が『中国の夢』という言葉で表現するのも、この目標です。そのために東シナ海と南シナ海の制圧を目指している。

さらにその背後には、いまの世界をアメリカ一極から多極へ変えるという野望があります。中国が目指すその多極世界では、アメリカ、中国、ロシア、EU（欧州連合）、インドなどの数カ国がパワーを有して、並列的に並ぶことになります。

日本はもちろんそこに含まれません。アジアでは中国が主導権を持つ『極』になるわけです。いまの尖閣問題は、このように多様な要因を含む争いの縮図といえるのです」

――中国はいまや、尖閣諸島を軍事力で奪取しようという意図を固めたと思いますか。

ヨシハラ「いまはまだそこまで考えず、日本の施政権を崩す消耗戦略を続けようとしている、というのが私の見解です。しかし尖閣を奪取するための『短期で過激な戦争』という戦略を以前から用意していることも事実です。

ただその場合、中国は米軍がまちがいなく介入してくると予想すれば、軍事攻撃には踏み切らないでしょう。だが日本が先に攻撃をする、あるいは挑発をする、という状態で軍事衝突が始まれば、中国側は『米軍は介入しないだろう』という予測を立てる可能性もあります」

――日本側では尖閣諸島に有人監視設備のようなものをおくべきだという意見もあります。

ヨシハラ「日本がそういう行動を取りたいと考えるのも、よく理解できます。しかし中国側は、日本のそのような動きを紛争の新たなエスカレーション、あるいは挑発とみて、軍事的な対抗措置に出る可能性がある。

中国側の計算によれば、そうした日本側のエスカレーションあるいは挑発から、日中間で軍事衝突が起きた場合は、アメリカは自動的には介入しないだろう、とみる可能性があります。

日中の戦闘の始まり方次第で、アメリカが日本の防衛にすぐには出動しない場合もありうるのです。中国がそう読めば、軍事攻撃に出てくる確率が高くなります。だから日本としては、尖閣での中国との軍事衝突で、米軍の力を借りずに自力で中国軍を撃退できる能力を保つ必要がある。そうすれば、中国もそれを認識して攻撃を差し控える。抑止の効果が生まれるわけです。

トランプ政権が尖閣防衛を公約したといっても、いざという際の米軍の出動には必ず、いくつかの前提条件が出てきます。日本側はその点をよく認識しておくべきです」

以上のようなヨシハラの見解は、日本にとって尖閣諸島への中国の頻繁な領海侵入などの攻勢が国家的な危機を引き起こしているという深刻な現状を明示したといえよう。

ヨシハラは日本の対応の一策として、おもしろい提案をした。

「日本は尖閣事態に関しての中国への対抗策として『水平エスカレーション』に出ることも効果があると思います」

ここでいう「水平（horizontal）エスカレーション」とは、第三者の介入などによって交戦者数や地理的範囲が拡大していくことを指す。対する「垂直（vertical）エスカレーション」は戦闘自体の強度が増していくことを指す。

「東シナ海の尖閣諸島への中国の威圧に対して、たとえば日本が南シナ海での中国の海洋膨張行動に対し、アメリカなどと協力して積極的に安全保障行動をとるというような戦略です。

この対応は、尖閣諸島での垂直エスカレーションを試みている中国の挑発を巧みにそらすることを可能にするかもしれません。南シナ海では日本もアメリカの空母部隊などを支援するような形で海上自衛隊の艦艇を関与させることができます。

尖閣を舞台とする日中両国の尖閣諸島をめぐる対立で新たな措置をとれば、垂直なエスカレーションとなります。だが日本が尖閣からは離れた南シナ海での中国の膨張抑止という措置に出れば、中国に対する水平エスカレーションになるわけです。

その場合、中国は威圧されたように感じるでしょう。そのことが中国の尖閣諸島に対する威圧行動への抑制となりうるのです。自分たちが一方的な拡張政策をとれば、必ずそのために代償を払う、コストを伴うことを知らしめれば、それが中国の膨張を抑える効果を発揮するでしょう」

尖閣周辺に米軍のプレゼンスを！

第二に、「グローバル戦略変容」所長のポール・ジアラの証言だ。ジアラはインタビューで、中国の尖閣諸島への民兵「漁船」を多数、動員しての軍事がらみの攻勢を「新しいタイプの戦争手段」と呼んだ。また彼は、アメリカが日本支持をこれまでよりも明確にする必要性を強調した。

――中国による二〇一六年八月からの尖閣諸島海域での新たな攻勢をどうみますか。

ジアラ「中国海警の武装した艦艇と数百隻もの民兵『漁船』を組み合わせた攻勢というのはいかにも最近の中国らしい、挑戦的で好戦的、しかも独創性のある作戦だといえます。日本側が対処に困るのも無理のない、不正規かつ非対称の攻め方でもあります。新しいタイプの戦争手段と呼ぶのが適切でしょう。

中国の人民解放軍は対外戦略の一部として直接には軍事力を使わない『世論戦』『心理戦』『法律戦』という『三戦』を実施していますが、今回の尖閣への攻勢は軍事力ともっと緊密に結びついたユニークな膨張戦法です。とくにものすごく数の多い『漁船』の動員で尖閣周辺の水域を埋め尽くすような方法は、日本側を威圧する大きな効果があるでしょう。

これらの『漁船』は現実には軽武装が可能で、中国人民解放軍の指揮下にある民兵が乗船しています。また、尖閣諸島に実際に民兵を上陸させる能力も持っています。これは『新しいタイプの戦争手段』と呼ぶべきでしょう。これをふつうの漁船のようにみなすことは非常に危険です」

――日本側としてはどう対応することが適切でしょうか。

ジアラ「軍事、非軍事の両面で中国の攻勢や圧力を押し返すことです。日本側に断固とした抑止や反撃の姿勢がなければ、中国はここぞとばかりに、さらに攻勢をかけてきます。実際の防衛面では、中国が軍を動員して尖閣諸島への上陸や占拠を試みた場合、日本側としてはその動きを阻止できる防衛力の整備が必要です。

そのためには日本側は尖閣付近での海上艦艇、軍用機、ミサイルなどの配備を強化することが不可欠となります。同時に米軍と共同での演習を尖閣水域で実行することも、大きな効果があるでしょう。

尖閣が攻撃を受けた場合、米軍が出動してくるとしても、最初は日本が自主的に防衛努力をしなければ、アメリカの全面的な支援も始まらないかもしれません」

ポール・ジアラ
(Paul Giarra)

——しかしオバマ政権は尖閣問題に対して、まるでまったくの第三者のような姿勢を保ちました。尖閣諸島が日米安保条約の適用範囲に入ると言明はするが、「尖閣を有事には守る」とは述べなかった。そして領有権についてはまったくの中立だというわけです。アメリカ側のこうした態度をどうみますか。

ジアラ「尖閣問題は日米両国にとって共通の課題であり、日米同盟そのものへの挑戦でもあると考えています。

オバマ政権は確かに『尖閣諸島の領有権に対しては、アメリカは立場をとくに取らない』と言明していました。つまり中立だということでした。しかし私は尖閣問題のいまの重要性を考えると、アメリカとしては旗幟（きし）を鮮明にする時期がきたと思います。

アメリカ政府は日米同盟のためにも、またアメリカ自体の国益のためにも、尖閣諸島は日本の領土だとする立場を明らかにするべきだと、私は考えます。アメリカのそうした日本支持が、中国の侵略的な攻勢を抑止する効果を生むでしょう」

――確かに米軍は尖閣諸島近くの海域、空域にほとんど出てきません。その周辺で米軍が演習を行えば、中国に対しては明確かつ強固なメッセージとなると思いますが。

ジアラ「同感です。私も米軍が尖閣周辺で演習をするぐらいの積極性があってもよいと思う。いまの状況は深刻であり、日米同盟としての対処が必要なのです」

抑止力と多国間連携を強化するしかない

第三のインタビュー相手はジョージワシントン大学のロバート・サター教授。サターも尖閣問題については、日本側に中国の実際の武力占拠をはね返す、抑止能力の明示を促す点がとくに印象的だった。

――中国は二〇一六年八月に入ってからの数週間、尖閣諸島の海域に対しこれまでにない規模と継続性で攻勢をかけてきました。まずその時点での中国の新攻勢の動機をどうみましたか。

サター「中国にとり、日本側が実効支配する尖閣諸島を自国領だと宣言し、その領有権奪取を実行に移すことは常に国家目標であるわけです。この時期にあえて中国海警や、いわゆる漁船を前例のない数と頻度で出動させて、日本への威圧行動を始めたのは、中国指導部のきわめて意図的な決定に基づく新攻勢でした。

その動きの動機はまず外部へのメッセージ発信です。その第一の標的は当然、日本です。まず日本が南シナ海での中国の無法な行動への抗議を、国際的に最も強く広く表明していたことへの警告だったといえます。その基盤としては、日本への反発や怒りが中国側の大きな動機になっていたと思います」

——国際仲裁裁判所は二〇一六年七月に中国の南シナ海での領有権主張を不当だとする裁定を出しました。そのことも当然、大きく関係していますか。

サター「そうです。中国はこの裁定を正面から否定しましたが、その抗議の意を日本だけでなく、アメリカなどの国際社会一般に対して宣言するという動機も、尖閣への新攻勢にあったでしょう。

同時に、中国指導部にはその同じメッセージを、中国国内に向けても発信するという動機があったと思います。中国政府は国際仲裁裁判所の裁定では敗北しました。

しかしその裁定は無視して、『四つのノー』（不参加、不受理、不承認、不執行）の立場を貫きました。安全保障や国家主権にかかわる案件では決して後退せず、断固たる立場を変えない。こうしたメッセージを中国の国民に向けて発信したのです。そうした態度を自国民に誇示して、政権の基盤強化を図るという動機でした。

自己の立場の強化のために他者や他国を非難する場合、中国政府にとって日本を叩くことが最も簡単な方法です。だから日本への糾弾はいつも激しくなるのです」

——中国は二〇一六年九月上旬の杭州でのG20サミットの主催国だったため、そのサミットを円滑に済ませるのに、その事前には国際的な反発を浴びる言動は控えめにするだろうという観測もありましたが。

サター「その観測はアメリカ側にもありましたが、みごとにはずれましたね。中国はG20開催までは対決的な言動をとらないだろうという観測は、的中しなかったわけです」

――中国によるこの種の軍事がらみの挑発的な新たな動きがあると、日本側にはよく「これは中国軍部の一部が勝手にとった行動で、政治指導部は必ずしも認めていない」という受けとめ方があるのですが、今回の攻勢についてはどうみますか。

サター「今回の尖閣へのエスカレーションは、規模だけみても習近平国家主席が完全に認知しての動きです。海警艦艇や漁船集団の動員数を見れば明らかで、事前に十分に準備をしての新攻勢、しかもきわめて大胆な動きです。

その動きに対する日本やアメリカの反応を考えても、軍の末端だけで実行できるような次元の作戦ではありません。日米両国にとって、いろいろな意味で深刻な事態なのです」

――では今回の中国側の尖閣諸島への攻勢における、当面

ロバート・サター
(Robert Sutter)

の目標は何だと思いますか。

サター「中国海警の艦艇と民兵漁船を、日本の領海に侵入させること自体は従来の方法ですが、今回はその船の数と侵入の頻度が異様に多く、高い。その当面の目標としては、日本側に対しこれまでよりも強い圧力をかけること、そして日本側の反応を探ること、さらにそうした演習により中国自身の将来、予期する尖閣作戦での軍事能力を高めることでしょう」

――では中国側は、いますぐに尖閣上陸を目指すというわけではないのですか。

サター「はい。いま尖閣水域に入ってくる中国側の艦艇や漁船には、上陸作戦を遂行する能力はほとんどないでしょう。中国側が本気で上陸を試みるならば、空から降下してくる空挺作戦、あるいは高速のホバークラフト使用が合理的な方法でしょう。民兵漁船は、後続の上陸要員になりえますが」

――日本の対応について何か助言がありますか。

サター「防衛面ではやはり尖閣諸島の防衛能力、つまり中国側の攻撃や上陸に対する反撃能力を高めておくことでしょう。中国軍や民兵がもしホバークラフトで尖閣に上陸してきたとしても、即時にそれを撃退できる能力を築き、それを中国側に誇示することです。

そのためには尖閣周辺での自衛隊の演習実施も効果的でしょう。いまのところ中国側艦艇の侵入には日本の海上保安庁の艦艇が対処していますが、中国側のエスカレーションに対してその対応では不十分です。海上保安庁の予算を増やし、警備力を増す必要が緊急にありますね。

それから自衛隊自体の予算も増して、尖閣での水陸両用作戦の能力を高めることが欠かせないでしょう。それが中国の侵略を防ぎ、抑える方法です」

――物理的な防衛強化の他には？

サター「アメリカはじめ他の諸国との安全保障の連携強化です。オバマ政権のアシュトン・カーター国防長官が公式の演説で述べた『戦略コミュニティー（共同体）』の強化です。中国の軍事行動に懸念を抱く諸国が、安保面で連帯することです。

日本はインド、オーストラリア、ベトナムなどと個別に、あるいは集団的に安保協力を進めれば、中国の攻勢への抑止となります。日本が主要な一員となっての国際的な『戦略協力』『戦略ネットワーク』の結成です」

――日本独自の外交活動で有益な手段が他にありますか。

サター「すでに述べたように、日本が国際的な場で、中国の無法な行動への批判を表明することは効果があります。中国は当面、その日本の批判に怒って、威圧的な行動をとるという側面もあるわけです。その半面、反発は〝日本の批判に痛いところを衝かれた〟証拠でもあります。そんなことをすれば中国は国際的に不利な状況となり、もともと不人気な立場がさらに悪くなるわけです。

中国の無法な行動、威圧の行動に対しては、そんなことをすると反発があり、代償を払う結果になることを認識させるべきです。中国が嫌がり、困ることをするぞという姿勢を日本がみせることです。

たとえば日本がアメリカに倣って、日本版の台湾関係法をつくると述べるのも一案です。台湾への軍事圧力はアメリカの重大関心事だとするこの法律を、日本でも採用するという可能性を示せば、中国は猛烈に反発するでしょう。

日本が中国の人権弾圧や少数民族弾圧への反対を強く述べるという方法も同様です。そうした日本の断固たる対抗姿勢が、中国の対日威嚇を抑制するようになるのです」

サターの「日本は中国の嫌がることをすべきだ」という提言は、比喩や皮肉の類の表現かと思われるかもしれないが、実際には文字どおりの意味で述べているのだ。日本の年来の対中認識の枠の外にある、斬新で大胆な発想である。

日本にとっての中国の脅威は、もはや従来の枠の対応では効果がないところまできた、ということなのだろう。

防衛の意志は、あくまで日本の問題

第四のインタビュー相手はアメリカ海軍大学中国海洋研究所のピーター・ダットン所長だ。

――二〇一六年八月ごろから中国側の尖閣諸島への中国海警や「漁船」と称する小舟艇の接近や侵入が急速にエスカレートしてきました。中国側がその時点でそうした新たな動きに出てきた動機をどうみますか。

ダットン「第一には中国指導部が、最近の国内経済の停滞やその他の国内的弱点の悪影響の広がりを懸念して、中国の国民に海洋での拡張能力の強化を誇示することで、前向きな国家意志の強さを示す動機が考えられます。

第二は二〇一六年七月に、国際仲裁裁判所が南シナ海での中国の領有権拡大の動きを不当だとした裁定への反発の可能性があります。この裁定への怒りをぶつけるような形で、国際社会全体との対決も辞さないという言動パターンです。

ただ、この言動が怒りや対決を土台とする衝動的な反応なのか、あるいはじつはもっと計算されたもので、今後も持続的に行われるものなのか、まだ判断は下せません」

——中国は日本に対して何を求めているのでしょうか。

ダットン「中国の二〇一六年八月に入ってからの動きは、明らかに日本を威圧する作戦の新たなエスカレーションで

ピーター・ダットン
(Peter Dutton)

した。南シナ海でフィリピンなどに対してとった、いざとなれば軍事行動をも辞さないという強硬な出方です。

中国がいま日本をそのように威嚇する当面の狙いは、日本を尖閣諸島の領有権をめぐる日中二国間の協議へと引き出すことでしょう。いまのエスカレーションがいやなら、中国との二国間協議に応じろ、という威嚇だといえるでしょう」

——日本はどのように対応すべきだと思いますか。

ダットン「日本がどう対応すべきか、私はいまはコメントを避けたいと思います。ただし日本も中国のいまの行動に対して、現状のままの対応では、限界があることを認識してい

るかもしれませんね。では具体的にどうするか、あくまで日本自身が考えて、決めることです」

――尖閣諸島をめぐる日中の対立は、日本の同盟国であるアメリカにとっても直接の深刻な懸念の対象のはずです。オバマ政権は大統領自身が「尖閣諸島は日米安保条約の適用範囲内だ」と言明し、尖閣が軍事攻撃を受けた場合には、その条約の共同防衛の規定が適用され、米軍も出動するという趣旨の政策を示しました。アメリカは今後の事態をどうみていくのでしょうか。

ダットン「アメリカの当面の役割は、あくまで日本と中国との軍事衝突を抑止して、地域の安定を保つことです」

以上のように、ダットンは中国の最新の行動のエスカレーションや威圧という特徴を強調しながらも、日本のとるべき対応については論評を拒んだ。やはり日本自身がまず中国とどこまで対峙するのか、あるいは譲歩するのかを決めることが先決だとする、慎重な反応のように思えた。

さらにダットンはアメリカの出方についても、きわめて控えめなコメントに終始した。しかし「日本と中国との軍事衝突」と明確に述べたことは、それだけ軍事衝突の危険を現実の可能性として憂慮しているようにも思える。

ただ、その憂慮と抑止はまず中国側に向けられるべきだろう。現状を軍事がらみの手段で変えようとしているのは明らかに中国だからだ。そして日本はアメリカの同盟国なのである。


以上が尖閣問題に焦点をしぼった、アメリカ側専門家四人のインタビューでの発言の紹介である。


これらの発言に共通するのは、やはり中国の尖閣への攻勢が、日本にとって国家安全保障上の切迫した危機となってきた、という認識である。中国の東シナ海での戦略、とくに尖閣諸島に対する戦略を読むには、中国側の軍事面での能力と意図の両方を調べて判断を下すことが欠かせない。能力と意図とが合わさって、戦略を構成することになるからだ。

中国の尖閣攻勢の戦略を知るには、まず尖閣諸島を実際に軍事的に攻略するための軍事能力をどこまで有しているかを知ることが必要になる。そのうえで中国が実際に尖閣を軍事的に攻略する意図をどのくらい強く有しているのか、を知らねばならない。

外部からその能力と意図を知る作業では、やはり意図を知ることよりは、能力を知ることのほうがいくらか容易だろう。軍事能力の実態は兵器や兵員の実情を知ることで、かなりの部分、分析できるからだ。

中国のように軍事は秘密という独裁国家でも、アメリカ側の現在の情報収集能力の発達により、その軍事力の実態はかなりの程度、わかってしまう。どこにどんなミサイルが出てきたか、という偵察作業の結果である。

ところが中国側の意図を知ることはずっと難しい。意図は目にみえないため、中国の戦略を読む作業には常に不透明、不確実な要素がつきまとうことになる。いくら専門家たちでも、その読み方にちがいが出てくることも避けられない。

だからこそ尖閣諸島に対する中国の戦略の読み方も、アメリカ側の専門家たちの間では微妙なズレが出てくることになる。

このズレの傾向について述べるなら、おおまかにいうと、アメリカ政府に近い立場にある人であればあるほど、その読み方は慎重で穏健な方向に傾く。やはり米中両国間の公式な外交関係にどこまで配慮するかという要素のためだろう。

政府から遠い地点に立つ民間の専門家や研究所であれば、同じ情報に基づいたとしても、その読み方は率直、あるいは大胆になるといえよう。

もうすぐ尖閣急襲・軍事占領が可能になる

そうした背景を踏まえながら、ワシントンの民間の軍事問題研究機関「国際評価戦略センター（ＩＡＳＣ）」が二〇一六年春に公表した、中国軍の東シナ海戦略についての調査報告書の内容を紹介しよう。

この報告書の内容はきわめて具体的かつ率直で大胆だった。中国の尖閣諸島や日本に対する中期、長期の戦略を明快きわまる筆致で記していた。とくに尖閣攻略作戦についてのくわしい報告の部分は、日本の安全保障に直接、大きなインパクトを与える衝撃的な指摘が多かった。この報告書の作成者はＩＡＳＣ主任研究員のリチャード・フィッシャーである。中国の軍事動向の研究で知られるフィッシャーは中国人民解放軍の組織や兵器を専門調査の主対象にしているが、中国軍の対外戦略にもくわしい。

この報告書の内容を紹介しよう。

なかでも日本にとって、とくに大きな比重を持つのは、以下の二点だった。

・中国軍部はヘリコプター急襲や洋上基地利用による、尖閣諸島の奪取の戦略を、着実に目指している。

・中国は長期的に、東シナ海での覇権の確立とともに、沖縄を含む琉球諸島全体の制覇をもくろんでいる。

ＩＡＳＣ報告書は、中国が南シナ海での人工島造設による軍事化の推進とともに、東シナ海でも、二〇一三年十一月の防空識別圏（ＡＤＩＺ）の一方的な設置宣言に象徴される膨張を企図している、と総括していた。

同報告書によると、中国は東シナ海での軍事能力を高め、とくに尖閣諸島をも含む琉球諸島の南部を重点対象に、次のような措置をとった。

①レーダー網や電子諜報システムの近代化
②Ｊ－10ＡやＪ－11という第四世代戦闘機の配備
③新型の早期警戒管制機（ＡＷＡＣＳ）や電子諜報（ＥＬＩＮＴ）機や艦艇の配備や強化
④以上のような戦力の演習の頻度増加

同報告書は中国が、とりわけ尖閣諸島の軍事奪取のための能力を強化しており、尖閣制覇には台湾攻略のための有力戦略拠点の確保と、二〇二〇年ごろを目標とする東シナ海全域での中国側の戦略核潜水艦活動の自由の確保という、二重の目的があると分析している。同報告書はそのうえで、中国人民解放軍の尖閣諸島軍事奪取に備えるための最近の具体的な動きとして、以下の諸点を列記する。

- 浙江省の南麂（なんじ）列島で、ヘリコプター発着を主目的とする新軍事基地の建設を始めた。この基地は尖閣諸島から約三百六十キロの地域にあり、中国軍の新鋭ヘリのZ－8BやZ－18Aは約九百キロの飛行距離能力があるため、尖閣急襲用の新基地と目される。
- 浙江省の温州市で二〇一五年六月以降、日本の海上保安庁にあたる「海警」の新しい基地の建設を始めることが明らかになった。温州市は尖閣諸島から約三百二十キロの地点にあり、そこの海警基地は尖閣諸島方面での任務が予測される。
- 中国海軍は新型のホバークラフトをすでに東シナ海に配備し、さらに新鋭の重量級のヘリの開発に着手しており、尖閣諸島や宮古列島、八重山列島への敏速な軍事作戦の実施能力を高めている。

・中国海軍はウクライナ、ロシア製の時速五十ノット、運搬量五百トンの大型ホバークラフトを二隻から四隻購入し、同様の国産艇を製造中である。その結果、中国軍はヘリコプター急襲部隊の後方からの敏速な支援が可能になる。
・中国軍は同時に、搭載量十五トン、飛行距離四百キロの国産の新型ヘリコプターを独自開発している。完成して配備されれば、尖閣諸島占拠にきわめて効果のある手段となる。
・中国は二〇一五年七月に公開した巨大な「洋上基地」の東シナ海への実際の配備を進め、尖閣攻略の有力な武器にしようとしている。この「洋上基地」は軍用航空機と軍艦の洋上拠点として機能するため、中国が占拠した尖閣諸島に曳航すれば、即時に新軍事基地となる。

以上、中国軍は尖閣諸島の軍事占拠を可能にする兵器類や軍事態勢を整えている、というのだ。

同報告書はそのうえで、中国側が日本に対し、危険きわまる野望を抱いていると指摘する。中国側には単に尖閣諸島だけでなく、琉球諸島に所属する沖縄や先島諸島（宮古列島と八重山列島）をも日本側から奪取しようとする長期戦略が存在する、というのだ。

その具体的な指摘は以下のとおりだ。

- 中国人民解放軍の羅援元少将（軍事科学院所属）らは、中国共産党機関紙の人民日報などに二〇一三年なかば以来、一貫して沖縄を含む琉球諸島は、本来は中国の主権に帰属するという主張を発表してきた。
- 羅援将軍らの主張はとくに沖縄や先島諸島の、中国との年来のかかわりを強調しており、中国政府の意向の反映とみられる。このため中国側の尖閣諸島への攻勢は、沖縄などを含む日本領諸島へのより広範な長期戦略の一環と判断できる。

つまり、中国の尖閣攻勢は、やがて沖縄までがその標的になるというのである。そしてその先には、東シナ海全体への中国の軍事的な野望があるというわけだ。

アメリカで議論されている尖閣諸島、沖縄その他の琉球諸島、さらには東シナ海全体へ向けられた中国の軍事的野望は、当然ながら日本への直接の脅威として、わが国こそ深刻に受けとめねばならない動きである。

日本は完全に屈服するのか

さてこの報告書を作成した「国際評価戦略センター」のリチャード・フィッシャー主任研究員に、一対一のインタビューでさらに詳しい話を聞いた。インタビュー時期は二〇一六年十月、中国側が尖閣への攻勢を一気に高めた同年八月の後、トランプの大統領当選が決まる同年十一月の直前だった。

フィッシャーも中国の軍事研究では権威とされる研究者である。議会の両院各種委員会で中国政策を担当し、議会諮問(しもん)機関の米中経済安保調査委員会では顧問を務め、大手シンクタンクのヘリテージ財団のアジア部長を歴任した。

フィッシャーは中国の尖閣攻勢の激しさは、日本にとっての深刻な危機だと強調する。

――二〇一六年八月からエスカレートした中国の尖閣攻勢の狙いをどうみますか。

フィッシャー「中国は今回の拡大作戦で尖閣奪取の軍事能力を高めることに努め、日本側の防衛能力や意思を探っていると思います。日本側の抑止が弱いとなれば、必ず攻撃をかけてくるでしょう。

中国側はまず数の多い『漁船』民兵を利用し、さらにヘリコプターや潜水艦を使っての

リチャード・フィッシャー
(Richard Fisher)

尖閣奇襲上陸作戦を計画している気配が強い。さらに中国が最近、ウクライナなどから調達した大型ホバークラフトの使用もありえます」

――中国軍は尖閣諸島への急襲上陸作戦を実行できる軍事態勢を強化している、ということですか。

フィッシャー「中国軍は最近、浙江省の南麂列島に、新たなヘリコプター発着基地の建設を始めました。またすでに新型の重量級ヘリコプターを調達し、尖閣急襲用に配備を開始したとも伝えられています。

中国軍は同時に、ロシアとウクライナから空気浮揚の高速水上走行の大型ホバークラフトを四隻ほど購入し、東シナ海に配備中です。尖閣急襲作戦ではこのホバークラフトが、最初に上陸するヘリ部隊を後方から敏速に支援できることになります」

――こうした目前の危機に対して日本はどう対応すべきか。当然ながら日本がまず考えて、自主的に決めるべき国策ではありますが、同盟国のアメリカ側からの提言はありますか。

フィッシャー「中国の尖閣への軍事侵攻を防ぐには、日本がその攻撃を抑止する防衛能力を高めることです。まずは先島諸島への自衛隊のミサイル配備を強化することや、沖縄などのオスプレイの増強が欠かせないでしょう」

中国人民解放軍が尖閣諸島を日本から奪おうとする危機的瞬間は、もう目前である。日本側も尖閣諸島から百七十キロほどの先島諸島・宮古島などに、地対艦ミサイルをすでに配備し始めた。だがフィッシャーはそのさらなる増強と加速を提言するのである。

また日本の一部では、配備に激しい反対が起きたオスプレイを「尖閣防衛のために増強すべきだ」というのも皮肉である。

いずれにしてもフィッシャーがこうした防衛強化を提案する前提には、当然、現在の尖閣をめぐる事態が、日本にとって国家的な危機だという認識があるといえよう。

さらにフィッシャーは日本の対応について重要な指摘をつけ加えた。

「尖閣諸島での中国の侵入に対して、日本側が当面、海上保安庁の艦艇で退去を求める次元に留まり、軍事衝突はあくまで避ける方針をとっているのは賢明だと思います。なぜなら現状では一度、軍事衝突を起こすと重大なエスカレーションが容易に起きるからです。

ただもし中国側からの軍事攻撃があれば、日本は断固としてそれをはねつける軍事的な能力と意思があることを示しておくことも、抑止には欠かせないのです」

明快な考察であり、提言だといえよう。だが日本側の海上保安庁だけで対応するという政策には、すでにほころびがみえ始めたことも現実だ。その点をさらに追究した。

——しかし日本側では海上保安庁だけで中国の執拗かつ大規模な日本領海侵入をいつまで防げるか、懸念があります。中国側は尖閣諸島に対する動きを停止したり、減らす兆しをツユほどもみせていません。

フィッシャー「中国は二〇二〇年までに、第四世代とされる戦闘機類の性能を向上させ、次世代機へと発展させる構えです。その空軍力の強化に必要な電子機器類の開発を大幅に進めて、東シナ海での戦力をも総合的に増強することを目指しています。

　東シナ海では尖閣攻略も含めて、中国側が望むとき、望む地域で軍事威嚇、あるいは軍事侵略の作戦を実行できる能力を保有するでしょう。日本側がこれから考えねばならない現実です。同時に中国は今後、十年ほどの間に東シナ海全体、とくに尖閣諸島での自国の狙いを達成するために、他の地域で起きる危機を利用する恐れが強くあります。たとえば朝鮮半島での危機、東南アジアのどこかで起きる危機などを利用して、日米両国の注意をそちらにそらせて、その間に東シナ海での攻勢に出るという方法です。そのホコ先は日本領土の先島諸島にまで向けられています」

——中国はなぜこれほどの国家資源を投入して、東シナ海、尖閣諸島の制覇を求めるのか。

その目的や目標は何でしょうか。

フィッシャー「中国は東シナ海では、中国自身が第一列島線と呼ぶ九州から沖縄、台湾、フィリピン、ボルネオ島にいたるラインと、伊豆諸島を起点に小笠原諸島、グアム・サイパン、パプアニューギニアにいたるラインの第二列島線内部における軍事的な圧力を着実に増しています。

その目標はこの海域内のコントロールを強化し、究極的には沖縄をも含む琉球諸島を自国の勢力下におくことです」

――沖縄までを支配の目標におくわけですね。そういえば中国当局は沖縄に対する日本の主権、領有権を公式に認めたことがありません。中国政府系の学者たちは公然と沖縄が本来は中国に帰属するのだという趣旨の発言や発表をしています。

フィッシャー「中国が沖縄住民の日本国に対する反意をあおってきたことは、長年にわたる中国の対外工作の一部として広く知られた事実です。この工作は台湾に対する統一戦線方式の反政府運動の扇動のための政治闘争方式にも似ています。数十年にわたる、フィリピンに対する対米同盟を侵食させる中国の工作も同様でした。

中国人民解放軍の陸海空軍はこの種の政治的活動を含めて、対外的、とくに対アジアでの活動を、苛酷さ、残忍性を増しながら、拡大していくでしょう」

では中国のその先にある対日戦略とは何だろうか。日本側としては当然、わいてくる重大な疑問である。中国が尖閣を攻略し、沖縄を攻略する――。もしそんな事態が実現すると仮定して、ではその後に何を成そうというのだろうか。

フィッシャーの答えは、わが国への深刻な警告を与える内容だった。

「中国共産党は究極的には、日本という国をほぼ完全に屈服させることを目指しているといえます。アメリカとの同盟はなくす。自衛能力もきわめて制限される。もちろん核兵器など持たない。そして少しずつ中国の国家発展長期計画に日本という国を組みこんでいく。そんな目標です。つまりは日本を中華帝国の隷属国家にすることです」

中華人民共和国に日本を隷属させる――。中国の対日政策の根底にはこんな野望が厳存するというのである。中国の尖閣諸島奪取の試みは、そのまさに第一線であると考えるべきだろう。

第二章
米中戦争も尖閣から始まる

アメリカはどう動くのか

尖閣諸島への中国の軍事がらみの攻勢が、日本にとって国家安全保障上の危機となるにいたった。前章ではその現状を、アメリカ側の専門家たちの調査や分析を主体に報告してきた。

中国と日本とのせめぎあい、国益の対立や衝突、そしてその先に迫ってきたかにみえる戦争の危険——。このように並べると、その目前の危機の背後にはっきりと浮かぶのは、超大国・アメリカの存在である。

日本にとって自国の安全保障上のいかなる課題を考えるときも、考慮に入れざるをえないのはアメリカという同盟国の存在である。

だがこのアメリカの存在は中国にとっても巨大である。中国が野心的に対外的な膨張を続ければ、必ずアメリカの利害とぶつかりあう。ではこのアメリカは中国に対して、どのような態度をとるのか。とくに、二〇一七年一月にスタートしたトランプ政権の動きはどうなのか。

このいずれの設問に対する答えも、日本の国運を大きく左右する。当然、米中関係の動きを常に把握することは日本にとって不可欠である。

アメリカと中国が全面戦争に突入する――。

日本にとっては「まさか」と思われる事態だが、アメリカの首都ワシントンでは〝米中戦争のシナリオ〟が真剣に語られるようになった。このことは、日本としても重大に受けとめざるをえない。

米中両国とも核兵器を保有した大国である。しかも世界で第一と第二の経済大国でもある。そんな両国が戦争するとなれば、それは「第三次世界大戦にも等しい」と言って過言ではないだろう。

そもそも米中両国は対立点こそあるが、その一方で経済面などでの相互依存の協力関係も幅広い。その両国が戦争に突入するとは、いかに仮定の話でも、あまりに現実からかけ離れたシナリオにもみえる。

しかし二〇一六年八月、アメリカ最有力の安全保障研究機関「ランド研究所」が「中国との戦争」というタイトルの研究報告書を公表した。しかもその研究自体、アメリカ陸軍の委託でなされたのだという。そもそもアメリカと中国が全面戦争に突入する、という想定自体がショッキングである。そのうえ、報告書では「この米中戦争において日本の動向が枢要なカギとなる」と書かれているのだから、看過できない。

ところがこの報告書が公開されてから、二カ月、三カ月経っても日本の大手マスコミはその内容を報じなかった。その内容や趣旨に反対するにしても、そうした有事の研究が存在すること自体は日本の政府も国民もまず知っておくべきだろう。そんな思いで、その米中戦争の想定の内容を詳しく伝えたいと思う。

アメリカの首都ワシントンで取材活動にあたるジャーナリストの私にとって、この有事研究についての報道は義務だとも感じた。日本への重要な警鐘を多々、含んだ内容だからである。

米中戦争のシナリオ

この報告書はランド研究所による大規模な調査と研究に基づいている。だが「ウォー・ゲーム」という言葉に象徴されるような、いわゆるシミュレーション（模擬演習）の結果の報告ではない。

シミュレーションでは戦闘勃発の想定下、スタート時点で当事国双方に分かれた参加者たちが、その場その場の状況に応じて戦争遂行における判断を下し、仮想の行動をとる。そしてその結果を積み重ねていく作業が主体となる。

しかし、このランド研究所の調査研究は異なる方法に拠っている。高水準の専門家集団が膨大なデータを駆使し、知力と体験を投入して、調査、分析、予測に長時間をかけた結果、出てきた結論を公表するという方法だ。「ウォー・ゲーム」ではない、正面からの学術的なアプローチの調査、研究だった。

その調査結果は最終的に約百二十ページのレポートにまとめられた。米中両国間の今後約十年間、二〇二五年までの状況の予測を基礎とする有事研究だった。

なぜ米中戦争が起きうるのか。

そもそもアメリカも中国も核兵器だけではなく、強大な通常戦力をも保有している。万が一にも全面戦争となれば、両国における破壊や損失は計りしれない。そんな危険をわかっている両国が戦争をするはずがないではないか――。こういう考え方が常識のように思える。ところがその「常識」にも穴があるというのだ。

報告書は米中戦争の可能性について、原因を次のように述べる。

〈米中両国は軍事的な対決や衝突につながりうる、地域紛争での対立案件を抱えている。そして該当地域周辺に、両国とも大規模な軍事力を配備している。

　このため偶発的な摩擦が起きた際、あるいは危機が深刻になった際には、両国いずれにとっても、攻撃される前に攻撃に出ることへの動機が強く存在する。現実に両国は陸海空、宇宙、サイバー空間などの広大な領域で戦闘をするのに必要な兵力、技術、工業力、要員を十分に保有しているのだ。

　だから米中戦争は大規模で代償の大きい戦闘も含めて、単に「考えられる」というだけでなく、実際の思考が必要とされる可能性なのである〉

　アメリカと中国はまちがいなく対立している。南シナ海での海洋紛争が最大例である。東シナ海の尖閣諸島への中国の威圧的な攻勢も、アメリカの立場とは対立する。

　さらにいえば、台湾への姿勢でも米中両国は歴史的に対立してきた。その背景には自由民主主義と一党独裁共産主義という、相反する二つの政治システムの基本的な断層が存在する。

　これらの対立案件について、米中両国がいずれも軍事力を使って対処する可能性は、少なくとも理論的にはいつも現存する。軍事力を実際に使うか、あるいは使うぞと威嚇して、自国側の主張を通すか、相手側の主張を後退させるという可能性である。

さらにもっと現実的なのは米中両国いずれもが、自国は軍事力を使う意図はなくても、ひょっとすると相手が先に軍事力を使って、自国の主張を通そうとするのではないかという警戒心を確実に抱いていることだろう。たとえ疑心暗鬼であっても、その警戒や懸念は常に存在するわけだ。

となると、相手が軍事力を行使する可能性が高い場合、こちらが先に攻撃してその危険を取り除いてしまおう、とする発想も生じるのである。

一般に世界の歴史をみても、いまの世界の現実をみても、戦争の原因はまず対立の存在、そして双方の軍事力の存在、さらにその対立を自国に有利に変えようという意図の存在などの要素の積み重ねだといえよう。

こうした過程で、軍事衝突が起きていくメカニズムが実在することは、否定のしようがない。このような現実はわが日本の戦後の常識からすると、非常に物騒にみえる。好戦的にさえひびく、危険な認識や発想ともみなされるだろう。

だがアメリカでは、そうした認識に基づく戦争を想定した有事研究が、「戦争を起こしてはならない」という前提や「どのように防ぐか」という意図の下に常時、行われている。同時に、アメリカでは自国防衛のための戦争や、オバマ大統領さえ説いた「正義の戦争」の必要性が広く認知されている。その一方、中国側でも国益を守るための戦争は起こりうるという認識を堂々と示している。自国の領土でも利権でも、その防衛のためには戦争をも辞さないという基本思想を、いやというほど繰り返し誇示しているのだ。

小規模な軍事摩擦がエスカレートする

こうした前提を基礎に、同報告書の具体的な内容をみていこう。

米中戦争はどのような契機で、どのように起きるのか。何を原因として起こりうるのか。この点はもっとも気になる点である。

同報告書はその契機として、以下のようなケースをあげていた。

(1)東シナ海の尖閣諸島などをめぐる、日中両国の軍事摩擦。
(2)南シナ海での、中国によるフィリピンやベトナムへの軍事威圧。

（３）北朝鮮の政権崩壊による、米中双方の朝鮮半島への軍事介入。
（４）中国の台湾に対する軍事的な攻撃あるいは威嚇。
（５）排他的経済水域（ＥＥＺ）やその上空での艦艇、航空機の事故的な被害。

以上のような小規模な軍事的摩擦や衝突が、米中両国の戦争へとエスカレートしうると指摘する。

以下、報告書原文の記述に沿いながら、私なりの解説を記していこう。

まず、（１）の東シナ海の、とくに尖閣についてである。

日本にとっては、米中戦争の契機としてまず「尖閣諸島をめぐる衝突」があげられていることに注目すべきだろう。尖閣諸島をめぐる日中両国のせめぎあいの事態は、米中戦争の危機をもはらんでいるというのだ。

尖閣諸島に対して中国は、明らかに非平和的、非外交的な対処の道を走り出した。海軍の艦艇や空軍の戦闘機を島の近くへ送りこんでくる。尖閣周辺の日本領海へは先兵として中国海警の武装艦艇を侵入させてくる。中国は、日本側がまったく無抵抗とわかれば堂々と尖閣諸島へ上陸してくるだろう。尖閣は中国領土だと宣言しているからだ。

この状況に対し、アメリカはもし中国軍が尖閣を攻撃すれば、日本を支援して共同防衛にあたるという方針を示唆してきた。

「示唆」という言葉をあえて使うのは、オバマ政権の尖閣防衛の政策にはいまひとつ、曖昧さが残っていたからである。その「曖昧さ」とは、尖閣有事に対して「尖閣諸島には日米安保条約第五条が適用される」とは言いながら、「米軍が尖閣を防衛する」とは明言しなかったことを指す。つまり、「実際に尖閣有事になった場合、米軍は介入しないかもしれない」という曖昧さだ。

この曖昧さの度合いが高ければ高いほど、中国が「米軍介入せず」と判断して、日本への攻撃を大胆にエスカレートさせていく危険性が高くなる。

その後、トランプ政権の登場でこの曖昧さは大幅に減った。トランプ政権ではトランプ大統領、ティラーソン国務長官、マティス国防長官という政権の首脳たちがそれぞれ個別に「尖閣諸島は日米安保条約により共同防衛の対象になる」という意向を明確に宣言したのだ。オバマ政権時代の言明の表現よりも、日本への防衛支援に関して前向きで、力強かった。

しかし、それでもなお中国がアメリカの軍事介入はないと勝手に判断して、尖閣攻撃に踏み切る可能性は残る。それでなくても尖閣周辺ではアメリカの意図にかかわらず、中国と日本が軍事衝突を起こす危険性がすでに存在しているのだ。

偶発的な衝突もあるだろうし、事故のような衝突もありうる。そんな事態にも米軍が介入すれば、米中全面戦争にエスカレートする可能性も十二分にあることとなる。

さらに危険な朝鮮半島と南シナ海

（2）の南シナ海では、米中の対立はすでに明白である。
中国は国際仲裁裁判所の裁定を無視して、新たな人工島造設などで軍事拡張を続けている。フィリピンやベトナムに対しては、武力行使も辞せずという強硬な構えを公然ととる。

一方、オバマ政権は南シナ海での中国との正面対決を避けてきた。だが、それでもフィリピンはアメリカの同盟国である。そのフィリピンが中国から軍事の威嚇や攻撃を公然と受けた場合、アメリカはまったく座視するわけにはいかないだろう。ここにも米中軍事衝突の土壌が存在することになる。

ただしフィリピン側では、新たに大統領となったロドリゴ・ドゥテルテが暴言のようなアメリカ批判、オバマ政権非難を繰り返すようになった。ドゥテルテ新大統領が果たして政策面でもアメリカ離れを求めているのか。それとも、ごく一部の政策領域でのオバマ政権批判だったのか。不明の部分が多かった。

ドゥテルテはトランプ政権の登場後、さらにアメリカ離れを思わせるような言辞を述べるようになった。だが彼の政権全体としては、外相の厳しい発言にうかがわれるように、中国の南シナ海での一方的な行動への非難の姿勢は消してはいない。

だから中国は、南シナ海での中国によるフィリピンやベトナムに対する軍事威嚇がアメリカの介入を招くという危険を、なお無視することはできないだろう。南シナ海で米中両軍が戦火を交える可能性は、決して完全には否定できないのである。

（3）の北朝鮮の金正恩政権の崩壊というシナリオが指摘するのは、米軍が韓国軍とともに、北朝鮮領内に進撃する可能性である。

アメリカにとってのその目的は、朝鮮半島の平和維持や統一ということになる。だが、そんな事態に中国が動かないはずがない。中国軍も中朝国境を越えて南下するだろう。この場合、米中両国間にはきちんとした不戦の合意はまず成立していないだろう。

米中両国が最初から北朝鮮、あるいは朝鮮半島全体の相互の戦略について、ある程度の合意を成立させていれば、トラブルは少なくなる。だがそうでなければ、米中両軍が北朝鮮領内で戦闘を始める危険性が、まちがいなく高まる。
（4）は台湾をめぐる、米中両国の長年の対立から起きうる戦争の可能性である。
中国は台湾を自国領土とみなし、台湾独立の動きは武力を使っても阻むと宣言している。アメリカはその宣言に反対し、「台湾関係法」で台湾の安全保障へのアメリカの関与をうたっている。この点で米中衝突の可能性は長年にわたり、常に存在してきた。

中国側が台湾有事での米側からのパワー・プロジェクション（兵力遠隔投入）を恐れて、新鋭の弾道ミサイルなどによる「接近阻止」や「領域否定」の戦力強化に努めてきたことも周知の事実である。
（5）は南シナ海をも含めた東アジア全域での、偶発的な衝突の可能性である。
領海ではないが沿岸国の特権が認められる排他的経済水域（ＥＥＺ）は、国連海洋法によって他国の軍事艦艇の通航も認められている。

だが中国だけは、国内法で自国ＥＥＺの外国の軍艦の航行について、中国側の事前の許可を必要とする、と定めている。アメリカなどの諸国は、実際には中国のこの主張を無視しているが、紛争の素地は常にあるわけだ。

また公海やその上空で、米中両国の軍艦や軍用機が異常接近し、あわや事故という事態も頻繁に起きている。そんな事態が米中間の戦争につながる危険があるというわけである。

通常兵器での激しい戦闘

では、そうした場合の米中戦争はどのような戦いとなるのか。

ランド研究所の報告書「中国との戦争」は、米中戦争が起きた場合の形態や交戦地域について次のように予測する。

（1）米中戦争は非核の通常兵器での戦闘となる。

アメリカも中国も核兵器保有国だが、予測される米中戦争ではいずれの国も核兵器は使わず、通常兵器だけでの戦闘になる。

アメリカは通常兵器での戦闘がきわめて激しくなっても、勝利への見通しと、自国の大被害への懸念から、核兵器はあくまで不使用で進む。

中国側も、もしアメリカに対して核兵器を使えば、核での大量報復を受け、国家壊滅という事態をも招くとみて、核不使用のままで進むと予測される。

（2）戦闘は主として水上艦艇、潜水艦、航空機、ミサイル、さらに宇宙とサイバー空間を組み合わせたハイテクノロジーの戦いとなる。

米中両国とも東アジアにすでに強大な軍事力を配備しており、戦争の契機からみても水上、海中、そして空中での戦闘となる見通しが強い。

両国ともハイテクノロジーを動員し、各種ミサイルの他にドローン（無人機）も多用する。宇宙空間の利用も多く、とくに中国軍は米軍の依存する偵察用人工衛星などの宇宙システムの破壊に力を入れる。

両国ともサイバー攻撃を拡大する。米中両軍の地上戦闘は朝鮮半島有事以外ではほとんど起きないだろう。

（3）戦闘は東アジアで始まり、東アジアで続くが、西太平洋の広大な地域も戦場となる。

米中両軍の戦闘は日本の尖閣諸島、さらには東シナ海、南シナ海、台湾海峡、朝鮮半島などで起きるとみられるが、西太平洋のより広い水域、空域に広がることも予測される。

中国がアメリカ本土への攻撃に出る可能性は低い。遠距離攻撃の能力の不十分さや、その結果としての効用の限度がその理由となる。

逆に、アメリカが中国本土に対して激しい攻撃を加える見通しが強い。しかし米軍が中国本土での地上戦闘を展開することはまずない。

以上の予測のなかで（1）の「非核の通常兵器での戦闘になる」という点は、不幸中の幸いのような印象を与える。

とくにアメリカ側には、対中戦争で核兵器を使わねばならない必要性がない、ということだろう。通常兵器だけでも十分に勝算があるからとみられる。

中国側も核兵器の使用には踏み切らないだろうと予測されているが、報告書は例外的に中国側が核兵器の使用を考える場合があることを指摘する。中国人民解放軍首脳が政治指導部に対して核兵器使用を提案するとすれば、以下のような事態だという。

- 中国軍全体が完全に壊滅する危険が迫っている場合。
- 中国本土の破壊でもう防衛能力がなくなり、政治指導部の破壊も迫っている場合。
- 中国の政治、経済の状況が破滅に近く、国家自体の崩壊が現実性を帯びている場合。
- 中国軍の大陸間弾道ミサイルなど、対米反撃の最後の手段の戦略核戦力が破壊されそうになっている場合。

同報告書はさらに米中戦争の戦闘期間、規模、程度などについて次の4つに分類する。

（1）短期で激烈
（2）長期で激烈
（3）短期で軽微
（4）長期で軽微

同報告書は以上の四つのパターンのうち「短期」は数日から数週間、「長期」は一年以上と推定し、ほとんどの場合は米軍の勝利や優勢に終わると予測している。

しかし米中戦争の勃発の時期が二〇二五年までの間で先に延びれば延びるほど、中国軍の戦力が相対的に強くなって、「長期」戦では両軍がいずれも決定的な勝利を得られず、膠着（こうちゃく）状態になる可能性が高くなる、とも指摘する。

その理由は、中国軍は米軍の遠隔地からの増援部隊の接近を阻む「接近阻止・領域否定」（英語ではA2／ADと略されることも多い）のための戦闘能力を着実に強化していくので、米軍の完全勝利は年月が経てば経つほど、難しくなるだろう、というものだ。

同報告書はさらに四つの戦争パターンのそれぞれについて経済や政治など非軍事面での両国の損失を推定し、戦争の帰趨(きすう)への影響を予測。非軍事面でも、中国のほうがアメリカよりも消耗や損失がずっと多くなるというのが予測の基調だった。

日本の動向が決定的に重要

ランド研究所の報告書「中国との戦争」でとくに注視すべきは、米中戦争の勃発にも進行にも、日本が非常に重要な役割を果たすという指摘だ。同報告書は米中戦争の帰趨に関しても日本の動きは「決定的に重要」だ、と強調している。

すでに述べたように、米中戦争の勃発の契機として第一にあげられたシナリオは、尖閣諸島をめぐる中国と日本の衝突だった。日本は米中戦争の第一の原因になりうるという分析だ。

その日本がらみの「勃発」について同報告書は、すでに述べたように尖閣諸島をめぐって対立する日中両国の前線の部隊が偶発、あるいは事故のような状態で衝突する可能性を指摘している。

事故が本格的な戦争へとエスカレートする実例は、歴史が証明している。そのうえで同報告書は、中国側の単に事故に留まらない「誤算」をも契機の可能性としてあげている。

- 中国は尖閣諸島での日本との対立で、アメリカによる日米安保条約に基づく日本防衛、尖閣防衛の誓約を過小評価し、中国軍が尖閣を攻撃しても米軍は介入してこないと誤算して、軍事行動に出る可能性がある。

前述のようにオバマ政権もトランプ政権も、程度の差こそあれ、「尖閣諸島も日米安保条約の適用範囲に入る」と明言してきた。

普通に解釈すれば、尖閣諸島への中国からの武力攻撃があれば、アメリカは日米安保条約第五条に基づき、日本とともに「共通の危険に対処」するとした誓約を実行する、という意味である。

だがオバマ政権はそれ以上には、「尖閣諸島を防衛する」と言明しなかった。それどころか、現にオバマ政権周辺には「尖閣のような無人島のために、中国との全面戦争の危険を冒すようなことは避けるべきだ」という意見もあった。

トランプ政権に代わった現在も、それ以降の米政権についても、尖閣諸島への中国の武力攻撃だけでは、アメリカは中国との戦争には踏み切らないかもしれない。

そうした状況を中国が眺めて、アメリカは尖閣防衛のために中国との戦争に突入するようなことはしないだろうと、判断してもおかしくはない。また、実際にその判断が正しいこともありうるだろう。

注目すべきは、同報告書はアメリカと中国がいったん戦争となれば、日本がどんな態度をとろうとも、当初から日本が戦争の当事国となる可能性が高い、と指摘していることだ。その理由として、アメリカと戦端を開いた中国は、その冒頭からほぼ自動的に日本領土へも攻撃をかける可能性が高い点をあげている。

この点は、日本にとってとくに重大な意味を持つ。米中戦争では日本が当初から戦争の当事国になりかねない、というのだ。

そのあたりを報告書は、次のような骨子で述べている。

・中国はアメリカとの戦争になれば、日本の米軍基地や自衛隊基地を攻撃する確率が高く、その場合、日本はほぼ自動的にアメリカとともに戦うことになる。

・北朝鮮が中国の「同盟国」として米軍や在日米軍基地にミサイル攻撃を加える可能性があり、その場合にも日本はアメリカの味方としての立場を明確にする。

このように、同報告書は米中戦争において、日本は最初からアメリカの同盟国として戦う見通しが強いことを強調し、その展望は最近の日本の集団的自衛権の一部行使容認措置によりさらに高まるだろう、と述べる。

また米中戦争の勝敗の帰趨についても、同報告書は日本の動向が決定的な要素ともなりうるとして、以下のような点を強調する。

・米中戦争の際のアメリカの同盟国、友好国の動きはきわめて重要となるが、なかでも日本の役割は決定的となる。とくに二〇二五年近くの米中戦争では日本の潜水艦、水上艦艇、戦闘機、ミサイル、情報・監視・偵察（ＩＳＲ）の能力は米側にとって基本的な有益要因となる。

・米中戦争では戦闘が長引けば長引くほど、日本の軍事面での対米協力の効果は大きくなる。中国側にとっては日本が米軍の消耗の埋め合わせをするようになると、とくに日米連合の部隊と戦うことが難しくなる。米軍は日本支援のために他の地域の米軍部隊を中国との戦争に転用する必要性が減る。

- 中国軍は二〇二五年ごろまでには年来の対米軍戦略の基本である「接近否定・領域否定」の能力を大幅に高め、米軍の遠隔地からの兵力投入を抑えるようになる。その結果、中国は対米戦も勝敗のつかない長期戦に持ちこむことができるようになる見通しも強いが、日本の米軍全面支援はこの面での均衡を変え、米軍を有利にする。

そのうえで「結論」として以下の要旨を強調する。

- 米中戦争での両国にとっての被害は単に軍事面に留まらず、社会や経済、国民全体に計りしれない損害を与える。だから誤算や誤認による戦争勃発の危険を減らすため、米中両軍部間の交流や交信を平時から確実にしておくことが欠かせない。
- しかしアメリカとしては中国との戦争が起こりうることを認識し、そのための戦争遂行能力を高めておくことも欠かせない。現在の見通しでは米中戦争でのアメリカ側の勝利は確実だが、被害を少なくするために米側の軍事能力のさらなる強化が必要となる。

同報告書は以上のような総括のうえ、現実の軍事面、政治面、外交面などでの提案を列記する。そのうちの主要な点は以下の五つだ。

• 米中間で戦闘が開始されると、ほぼ自動的にその規模がエスカレートする事態を防ぐために、米中軍部間の信頼醸成やホットラインの効用を確実にする。
• その一方、有事でのアメリカ側の軍事被害を少なくするための対空防衛、ミサイル防衛の能力を着実に高めておく。
• 有事の米軍のアジアへの増援部隊の接近を阻む中国側の「接近阻止・領域阻止」の能力を削ぐための攻撃能力を高める。
• 日本はじめ同盟諸国にも対中有事を想定しての防衛能力の強化を促す。
• 日本などの同盟諸国との共同作戦の準備を強め、とくに日本との間では有事の研究や演習を増やす。

さて、この「中国との戦争」での日本に関する数々の指摘を改めて検討してみると、米中戦争が尖閣諸島をめぐる日中対立から起きうるとの予測は、現在の日本にとって、とりわけ深刻な意味合いを持つことが改めて実感できるのではないか。

同時に、米中両国の関係が表面は経済交流などで協調的、友好的にみえても、水面下では厳しい対立がある状況を直視し、最悪中の最悪の事態だといえる米中戦争までを想定するという、アメリカ側の現実的な姿勢も日本への指針となるだろう。

この報告書の基礎となる、広範な調査や研究にあたったアメリカ側の専門家たちは、「戦争は防ぐためにこそ、その現実の可能性を知っておく必要がある」というスタンスをとっているのである。

非軍事の平和主義のスローガンを掲げる日本としても無視はできないだろう。いや平和主義を強調する日本だからこそ、重視すべきだ。

報告書の副題は「考えられないことを考える」と記されている。起きてはならないことを起こさないためにも、最悪のまた最悪の事態を仮定して考えておく、という発想は、アメリカではよくある抑止の思考だといえる。

日本では、まずは「米中戦争なんて」と顔をそむけるのが平均的な反応だろう。だが米中戦争を忌み嫌う向きにこそ、ぜひとも知ってもらいたい報告書である。とくにこの報告書のシナリオでは、米中戦争という事態はわが国・日本の存続そのものを左右することになる、とされている。どんな形にせよ、アメリカと中国がいざ戦う際には、日本は常にその戦争の当事国に非常に近い立ち位置にある、ということだ。

第三次世界大戦の可能性

これまで米中戦争のシナリオを紹介してきた。起きてはならない惨事を起こさせないためにこそ、その可能性を突き詰める。有事への対処による戦争の抑止、平和と安定の保持というアメリカの発想である。

ところがドナルド・トランプ大統領が登場したワシントンで、これまで紹介してきたランド研究所の「中国との戦争」報告書とはまったく別の文脈で、大きな戦争、それも米中戦争の可能性が語られるようになった。〝第三次世界大戦〟などという不吉な言葉までが、現実の安全保障論議に登場してきたのだ。

しかもこのワシントンでの論議は、米中戦争の可能性が単に近年の両国間の関係の悪化だけでなく、より広い地政学的な次元での国際潮流をも原因とする、という認識に立脚しているのだ。日本としても真剣に関心を向けざるをえない、新しい論議といえる。

アメリカの首都でのこの論議は、深刻な懸念の表明でもある。トランプ大統領の登場から百日と経たないうちに表明された新しい議論や懸念は、〝新たな国際情勢認識〟を示すものと言っていいだろう。

その国際認識とは、現在の世界は、第二次世界大戦が終わってからの七十余年の間で、最も危険で不安定な状況に直面した、という受けとめ方である。

これらの警告は、ワシントンの大手研究機関の国際戦略の権威たちからいっせいに発せられるようになった。その内容を総括すれば、次のような要旨となる。

「世界もアメリカも、いまや戦後最大の安全保障面での転換点を迎え、既存の国際秩序が瓦解の危機に直面するにいたった」

そしてこの世界の危機は、ドナルド・トランプという異端の人物の大統領当選という劇的な政治展開と、水面下で屈折しからみあっているというのだ。トランプがアメリカの最高指導者に選ばれた土壌には、この現在の世界の危機が作用していると指摘される一方、この世界の危機をどう管理し、最悪の事態を避けるかは、超大国の最高指導者たるトランプの手腕にかかっているという。

世界が直面するこの危機は、中国による部分が大きいため、もちろん日本にとっても重大な事態であり、日本という国家の存亡を左右するのである。

ロバート・ケーガンの警告

現在のワシントンで「いま現実に目前に迫った危機」を明確に指摘する国際戦略の権威は、少なくとも三人存在する。

第一に、ブルッキングス研究所の上級研究員ロバート・ケーガンである。ケーガンはアメリカの学界でも有数の国際戦略研究の権威とされ、歴代政権の国務省や国家情報会議などに政策担当の高官として登用されてきた。

彼は従来、保守派の論客とされてきたが、近年ではオバマ政権からも政府の諮問機関に招かれ、国際戦略情勢に関する政策提言などをしてきた。二〇一六年の大統領選ではヒラリー・クリントン候補の外交政策顧問まで務めたことがある。

ケーガンは二〇一七年二月六日発売のアメリカの大手外交雑誌「フォーリン・ポリシー」に、「第三次世界大戦へと逆行する」と題する長文の論文を公表した。

ケーガン論文は、第二次大戦終結以降の七十年余、アメリカ主導で構築し運営してきた自由主義の世界秩序が、いまや中国とロシアという反自由主義、軍事力重視の二大国家の挑戦で崩壊へ向かう最大の危機を迎えた、と指摘する。

その原因は、ソ連共産党の一九九一年の崩壊以後、歴代のアメリカ大統領が「唯一の超大国」の座に安住し、とくにオバマ政権が「全世界からの撤退」に等しい軍事忌避(きひ)と影響力縮小を続けたことだという。

ケーガン論文は全体として以下のような骨子だった。

〈世界は第二次世界大戦の終結から現在まで基本的には『自由主義的世界秩序』に依存してきた。この秩序は民主主義、自由、人権、法の統治、自由経済などを基盤とし、アメリカの主導で構築され、運営されてきた〉

〈しかしこの世界秩序は、ソ連崩壊から二十五年の現在になって、中国とロシアという二大強国の軍事力をも動員する挑戦により、崩壊の危機を迎えるにいたった。この両国は民主主義や自由の概念を受け入れないまま、いまの世界秩序の変革を求めている〉

〈中国は南シナ海、東シナ海へと膨張し、東アジア全体に覇権を確立して、同地域の他の諸国を隷属化しようという野心がある。ロシアはクリミア併合に象徴されるように旧ソ連時代の版図の復活に向かおうとする。両国とも、その目的のために軍事力を使うことを選択肢に入れている〉

つまり、いまの世界の危機をもたらした第一の原因は中国の膨張であり、中国の動向が世界の危機とも呼べる異常な状態をつくりだしたと指摘する。

ロバート・ケーガン
(Robert Kagan)

〈中国とロシアのそうした軍事的な脅威や攻撃を防いできたのは、アメリカが同盟諸国と一体となっての強大な軍事能力による抑止だった。だが中国もロシアも、アメリカのその抑止力を弱体化するための対抗策を常に計画し、実行してきた〉

〈そのうえアメリカの抑止力も、近年はアメリカ自身の内外の多様な理由により、弱くなってきた。とくにここ八年のオバマ政権では、大統領自身が対外的な力の行使をしないことを宣言し、実際の米軍の規模や能力も国防費の大幅

削減ですっかり縮小した〉
〈アメリカの軍事面での抑止力が、いざという際に発揮されない展望が強くなると、中国とロシアはともに軍事力を使って、自国の戦略目標を達成することへ激しく傾斜する〉

つまり、世界危機のもう一つの原因はアメリカ自身の歴代政権のゆるやかな後退、最も顕著なオバマ政権の対外関与の縮小のせいだと断じているのだ。

ケーガン論文はさらにこう述べる。

〈その結果、いまの世界は中国やロシアの野望による、軍事力行使の危険がかつてなく高まっている。いまや中国やロシアの軍事行動に対して、アメリカが対応せざるをえず、第三次世界大戦が起きる危険までが、かつてなく高まってきた〉
〈中国やロシアの経済や政治での膨張に対しては、アメリカなどの諸外国も柔軟に対応できるが、軍事の領域では、一方の膨張による現状破壊を止めるには、軍事的対応による抑止の事前宣言しか方法がない〉

以上のように、ケーガン論文はいまの世界で、中国とロシアの軍事行動による地域的な戦争の危機が高まっている、と警告するのである。たとえ世界大戦が新たに起きなくても、中国やロシアの軍事膨張の結果として、自由主義的な世界秩序の崩壊もありうる、とまで述べるのだ。

ケーガン論文は、この危機への対策として、アメリカがトランプ政権下で強固な軍事能力を復活させ、世界戦略面でのリーダーシップを再発揮することを提唱していた。

ただしトランプ政権が米軍の再増強や「力による平和」策を宣言しながらも、世界での超大国としての指導権や安全保障面での中心的役割を復活させることには、なお難色をみせていることも、同論文は指摘する。

しかしその一方、ケーガン論文は今回の大統領選でトランプを選んだアメリカ国民は、先に述べたようなオバマ政権の対外的な縮小・撤退の政策こそがいまの世界が危機を高めてきたという認識を抱き、その批判的な認識がトランプ支持の有力な原因となったという見方を示している。

いまのアメリカ国民の多数派は、自国の対外的な軍事介入をストレートに望むわけではないものの、アメリカの影響力の大幅な後退やその衰退にも懸念を抱き、反対するというわけだ。

「冷戦後」が終わり、次の時代が始まる

同じ趣旨の見解は共和党系の大手シンクタンク「AEI（アメリカン・エンタープライズ・インスティテュート）」の安全保障研究部長トーマス・ドナリーによっても示されている。

同研究所の外交雑誌が二〇一七年一月下旬に公表した「冷戦後時代の次の時代のために」と題する論文だ。

同論文は中国を抑止してきたアメリカの軍事力が、オバマ大統領の政策で実効力を失ってきた結果、世界は戦後最大の地域戦争の危機に瀕し、アメリカは軍事面で抑止のためのリーダーシップを再び発揮することを迫られている、と強調する。このあたりはケーガン論文とほぼ同じ認識だといえる。

ただしドナリー論文はケーガン論文とくらべると、いまの世界秩序への最大の挑戦国はロシアではなく中国だと断定している点が特徴的だ。地域戦争や第三次世界大戦のような大規模な軍事衝突が起きる場合、中国がその当事国となる可能性が最も高いと予測してい

るのだ。

ドナリーの論文は全体として以下のように主張していた。

〈東西冷戦でソ連の共産党体制を一九九一年に完全に崩壊させたアメリカは、当時のジョージ・H・W・ブッシュ大統領が「自国が唯一の超大国」となった新時代になかなか慣れず、とにかく冷戦時代のアメリカのあり方をそのまま継承させ、少しずつ冷戦後の「新世界秩序」の概念を広めていった〉

〈アメリカの次の大統領ビル・クリントンは、ソ連という潜在敵がいなくなったため「歴史の休日」を享受し、政治や軍事よりも経済を重要だとする経済最優先の概念や、グローバリゼーションを重視した。アメリカにとってその存在を脅かす主要敵の脅威もなく、国内では経済が繁栄し、高度技術の発展が人間の社会や政治の本質を変えていくのだという考えを尊重した〉

〈その次にアメリカの政権を担ったジョージ・W・ブッシュ大統領は、アメリカが唯一の超大国として対外関与を深め、

トーマス・ドナリー
(Thomas Donnelly)

「自由の課題」として民主主義や自由を全世界にさらに広めようとした。二〇〇一年の9・11同時多発テロでアメリカが大打撃を受けても、ブッシュ大統領のこのスタンスは変わらず、対テロ戦争を民主主義の拡大と結びつける政策をとった〉

一九九〇年代から二〇〇〇年代にかけてのアメリカ大統領は程度の差こそあれ、みなそれぞれに「世界秩序」や「アメリカの説く自由と民主主義」という普遍的な価値観を重んじていた。ところがその基本路線に大きな変化が起きたのは、やはりオバマ政権時代だというのだ。

〈次のバラク・オバマ大統領は、イラクとアフガニスタンへの軍事介入をやめるという内向き姿勢をみせながらも、アジアへの関与は深めると宣言して「アジアへの旋回」政策をぶち上げた。

だがこの政策は経済主体で、軍事面ではむしろ撤退、削減だった。その結果、軍事面では中国が顕著な拡大を続け、ロシアもグルジアやウクライナへの侵略を『失地回復』の形で進めた〉

〈オバマ政権時代、世界は一九四五年の第二次世界大戦終結以来、最大規模の新たな地政学的な競合と、多元世界の広がりとに直面するようになった。その結果、地域的な紛争や衝突が、大国同士の代理戦争をも含めて起きやすくなった〉

〈このため地域紛争の展望は実質的な根拠を持つようになった。とくに現状に激しい不満を抱く中国が、より強大なパワーを持つようになったことは、その地域での衝突の危険を高めている。中国は過去二世紀にもわたる、国家や民族として体験した屈辱の歴史を塗り消すためにも、現在の国際秩序を壊し、新たな秩序の指導権を得ようとしている。

だが中国にはグローバル・パワーとしての経験がまったくないことが、その膨張をさらに危険なものにしている〉

ドナリーはこのような観点から、アメリカだけが強かった「東西冷戦後の時代」がオバマ政権下で終わりを告げ、トランプ政権の誕生とタイミングを合わせる形で「冷戦後の時代の次の時代」が始まったというのである。

ドナリー論文も台頭する中国が既存の国際秩序に挑戦し、大規模な戦争の危険さえ示唆する点でケーガン論文と共通する。しかもオバマ大統領の対外政策がその危険な国際環境をもたらしたと指摘する点も、共通しているのである。

ウィリアム・クリストルの予言

第三はアメリカ保守派の理論や政策を打ち出す政治雑誌「ウィークリー・スタンダード」二〇一七年一月号にウィリアム・クリストルが発表した「長い休日」と題する論文だ。

クリストルといえば、アメリカ論壇の大物である。一九八〇年代のレーガン政権の時代から、アメリカの内政や外交の諸課題を保守主義の立場から論じる理論派として活躍してきた。

雑誌「ウィークリー・スタンダード」を主宰する一方、レーガン政権の教育省高官を務めたほか、第四十三代大統領のジョージ・W・ブッシュの政権ではディック・チェイニー副大統領の首席補佐官ともなった。

クリストルはトランプに対して直接の支援は表明しないが、保守主義の立場から、わりと前向きな評価を多角的に述べている。

アメリカが世界で果たしてきた役割の歴史をみると、これまでの約二十五年間は漂流に近い「休日」だったが、トランプ政権の登場はそんなゆとりを許さない「休日の終わり」と呼べる歴史の転換点となる——というのがクリストル論文の主要論点だった。

冷戦後の時代を、世界にとっても、アメリカにとっても「休日」とたとえるのは前記のドナリー論文とも共通している。ただしクリストル論文はこの「休日」の意味について詳述し、さらにその歴史の流れのなかでの、トランプ政権の意味の分析を試みる点がユニークだ。

トランプが大統領に選ばれた背景として、アメリカ自体とアメリカを動かす国際情勢がともに、この百年近くの間でも特別な、変革の時期にあたることが大きな要因だ——。クリストルは「長い休日」と題するその論文で、こんな見解を明らかにしたのである。

クリストル論文の骨子は以下のようである。

〈現在の世界は一九九一年にソ連共産党が解体し、東西冷戦がアメリカ側の勝利で終わって以来、根本を揺さぶる脅威や危機はほとんどない状態となり、アメリカも一種の安定を続けてきた。その意味ではこの四半世紀の二十五年間は世界も超大国のアメリカも長い休日を経験してきたといえる〉

ウィリアム・クリストル
(William Kristol)

〈一九九一年以前は世界もアメリカも激動の時代に生きてきた。一九一八年に終わった第一次世界大戦、その後の一九二九年から始まり、一九四〇年近くまでも尾を引いた世界大恐慌、その時期に開始された第二次世界大戦、さらにその直後からの東西冷戦と続いた四分の三世紀の間、つまり七十五年ほどが真の意味の激動に直面した時代だった〉

〈世界やアメリカは一九九一年以降も、二〇〇一年のアメリカ中枢への同時多発テロやイスラム過激派の跳梁など劇的な出来事はあったものの、それ以前の世界大戦の時代にくらべればたいしたことはなく、これまでどおりの船に乗って、あまり心配のない航海をする状態を続けてきた〉

〈アメリカは二十五年ほどの期間、ビル・クリントン、ジョージ・ブッシュ、バラク・オバマという、いずれもベビーブーム世代の大統領によって統治されてきたが、いまやドナルド・トランプというベビーブーム世代ではあるが、まったく異端の人物を最高指導者に持つこととなった。

ちょうど同時期に、アメリカという船は凪の海での漂流を止めて、荒波の水域へと入り、

これから新しい国際現実に向かって真剣な航海を始めることとなった〉

〈いま、世界とアメリカが新たな変動の時代を迎えたのは、中国の軍事攻勢的な膨張、ロシアのクリミアへの強引な領土拡張、アメリカ国内の人口動態や社会構造の激変などの結果であり、こうした激変がアメリカの大統領選挙でも従来の政治的枠組みを破って、トランプ氏当選という非常事態のような結果をもたらしたのだ〉

アメリカにとっても、世界にとっても、「休日」はもはや終わりを告げ、休みの後にやってくる激動や変革の時代の入り口に立っている。その重大な時代の岐路に登場したのがドナルド・トランプ大統領だった、というのだ。それが吉と出るか、凶と出るかについてはこう述べる。

〈その結果、アメリカがトランプ大統領の下で正しい航路を進むか、あるいは失敗して船を転覆させてしまうか、まだまったくわからない〉

軍事力が平和維持のカナメになる

以上、ケーガン、ドナリー、クリストル三者による世界の読み方、時代の読み方はすべて共通の方向をはっきりと示していた。約二十五年間のそれなりの安定と漂流の時代が終わりを告げ、激動と危機の時代が到来したということである。

その岐路の時代の土台にあるのは国際秩序の崩壊と、地域戦争の勃発という二つの重大危機である。第二次大戦後の七十余年間で最大のこの危機を、いかに乗り切るのか。超大国としてのアメリカのあり方を考えざるをえないなかで、アメリカ国民はドナルド・トランプという異端の人物を大統領に選んだ。

日本から見たトランプ大統領のあり方も、その新大統領に反応するアメリカ国民の動作や息づかいも、この国際情勢の険悪化を認識せずには、とうてい正確に理解することはできない。

日本はどうすべきなのか。率直に言って、「どうしてよいか、にわかにはわからないほどの危機」である。とくに、目前に迫った重大危機は、日本の安全保障を根底から脅かす中国である。日本の固有の領土である尖閣諸島の日本領海に、中国の武装艦艇が毎週のように侵入してくる事実は、こうした危機の象徴だといえよう。

日本にとっては世界全体の構造的な変化から起きてくる危機と、国際規範を無視して膨張を続ける中国による危機とが、たがいに重なり合いながら、相異なる二つの不安定要因となって、対処を迫られているのである。

この二つの危機にはいずれも、戦後日本にとって最も苦手な、軍事という要素が核心に座っている。日本には最も対応が難しい、軍事分野でのチャレンジなのだ。

だからこそいまの日本は、仮に危機や脅威の実態を理解しても、それにどう対処すべきか、という指針、羅針盤がない。

戦後日本は危機が近づいても、もっぱら非軍事的な対応に徹してきた。国際的な紛争や摩擦の解決、さらには抑止のためであっても、軍事的な手段は絶対に使わない、という原則をみずからに課してきた。いうまでもなく憲法第九条の規定に発する国のあり方である。

こと軍事となると、みずからを被虐的なほどに抑えつける自縄自縛（じじょうじばく）のシステムだともいえよう。

たとえばこれまで、東西冷戦でのソ連の脅威に対しても、あるいは中東でのイラクやイランの軍事的脅威、北朝鮮の好戦的な軍事行動の脅威に対しても、さらに切迫した中国の日本領土への軍事的脅威に対しても、日本は非軍事的な対応を貫き、外交や経済における対応だけに留まってきた。

だが非軍事的な対応だけで、危機を遠ざけることに成功したわけでは決してない。他の諸国、特にアメリカの軍事力のおかげで危機が遠ざかっていただけなのである。日本は常にその受益者にすぎなかった。

いま私たち日本人に突きつけられているのは、これからの危険な世界、一触即発の国際環境にあっても、他国任せのままの日本でよいのか、という疑問である。

日本では自国に直接影響のある国際的な危険に対して、その危機の本質が軍事であっても、経済外交とかソフトパワーという政策用語が唱えられてきた。

この点では、前述のケーガン論文の以下の指摘が有用な指針となろう。

〈現在の危機に対して私たちは「ソフトパワー」とか「スマートパワー」の効用を語ることもできるが、その種の対応は潜在敵の軍事力そのものに対決された際には、きわめて限られた効果しかない〉

中国は軍事力を露骨に誇示して、尖閣諸島を奪取しようとする。その中国に対して日本がどれほど、非軍事的な融和政策をとり続けてきたことか。

巨額の対中経済援助、大規模な経済交流、広範な友好事業、人材交流、歴史問題での数えきれないほどの公的謝罪……こうした融和的な対応では、中国の尖閣諸島への侵略の試みを、ほんのわずかも抑えることはできなかった。

いまその中国の軍事攻勢を抑えている主体は、アメリカの共同防衛誓約という軍事力行使の意図表明なのである。

もちろん軍事力だけで危機に対処することには支障も多い。いまの世界で、一国の軍事力だけで、単独で自国を防衛できるケースは少ない。だから日本の場合、軍事での防衛となれば、同盟国のアメリカとの連帯がまず必要となる。なぜなら軍事力なしで外部の危機に効果的に対応することはできないからだ。

日本にとって戦後七十余年の「軍事的貢献なしの平和維持」の軌跡も、実際にはアメリカなど他国の軍事力の抑止効果に依存してきた結果なのである。

日本が自国、さらには自国民の安全保障のためであっても、みずからの軍事手段は選択肢からすべて排除する、という戦後の国の形のままでは、混迷と不安定と危機に満ちた新しい時代への対応は難しくなる。すでに限界は通り越している。これまでみてきたように、日本の外部から戦争が迫ってくる危険性が、明らかに高くなってきたからである。

現状のままでは外敵に対応できない日本側の態勢と、敵意や憎しみを現実にぶつけてくる中国。両者の間の断層は、覆い難いほど深い。

第三章
それは南シナ海から始まった

南シナ海を手中に収めた中国

日本にとって危険な中国の海洋戦略——。なぜ危険なのか。そもそも中国の海洋戦略とは何なのか。

この問いへの答えを探すためには、どうしても南シナ海の問題にまで戻らねばならない。中国は日本にとり、重大な脅威となった。とくに中国の膨張する海洋戦略は、日本の領土や国益を脅かすものであり、すでにその危機は日本の目前に迫っている。この中国の危険きわまる海洋戦略の軌跡自体が「南シナ海から始まった」といえる。

日本への直接の影響が最も大きい、東シナ海の尖閣諸島をめぐる問題も、南シナ海での中国の行動の延長として生起してきた。

中国はいま、尖閣という日本領土に対して〝問答無用〟の態度で攻勢をかけているが、これも南シナ海での無法で無謀な行動を、あたかも東シナ海で再現しているかのように見える。

島の領有権を争う相手国への傍若無人な行動、国際調停や多国間の解決策をまったく拒むという専横ぶり、その間、相手国に示す敵意や圧力の苛烈さ……。

これらは南シナ海で、中国がフィリピンやベトナムなどの相手国に、さんざんみせつけてきたパターンだ。その成功体験を踏まえて、中国はいま、東シナ海で日本の主権を侵害している。

南シナ海とは、地理的には、香港、中国、台湾、フィリピン、ブルネイ、マレーシア、ベトナム、インドネシアに囲まれた海域の名称である。

この海域は自然資源が豊かで、中東やインド洋から東南アジア、北東アジアへの航行船舶の数量が最大となる海域の一つでもある。

たとえば日本に中東から輸入される石油は、すべて南シナ海を通ってくる。世界のオイルタンカーの半数はこの南シナ海を航行しているといわれ、中国にとっても日本と同様、石油のルートとして死活的な重要性を持つ。

また、南シナ海にはサンゴ礁も含めて中小の島々が多い。南海諸島（南沙諸島、中沙諸島、西沙諸島、東沙諸島）、南ナトゥナ諸島、アナンバス諸島などがある。これらの島々のなかでも領有権紛争でとくに論議を呼ぶのは南沙諸島と西沙諸島だ。この二つの名称は中国名であり、国際的には南沙諸島はスプラトリー諸島、西沙諸島はパラセル諸島と呼ばれる。以下は基本として国際名称に従うこととする。

中国が主張する南シナ海「九段線」

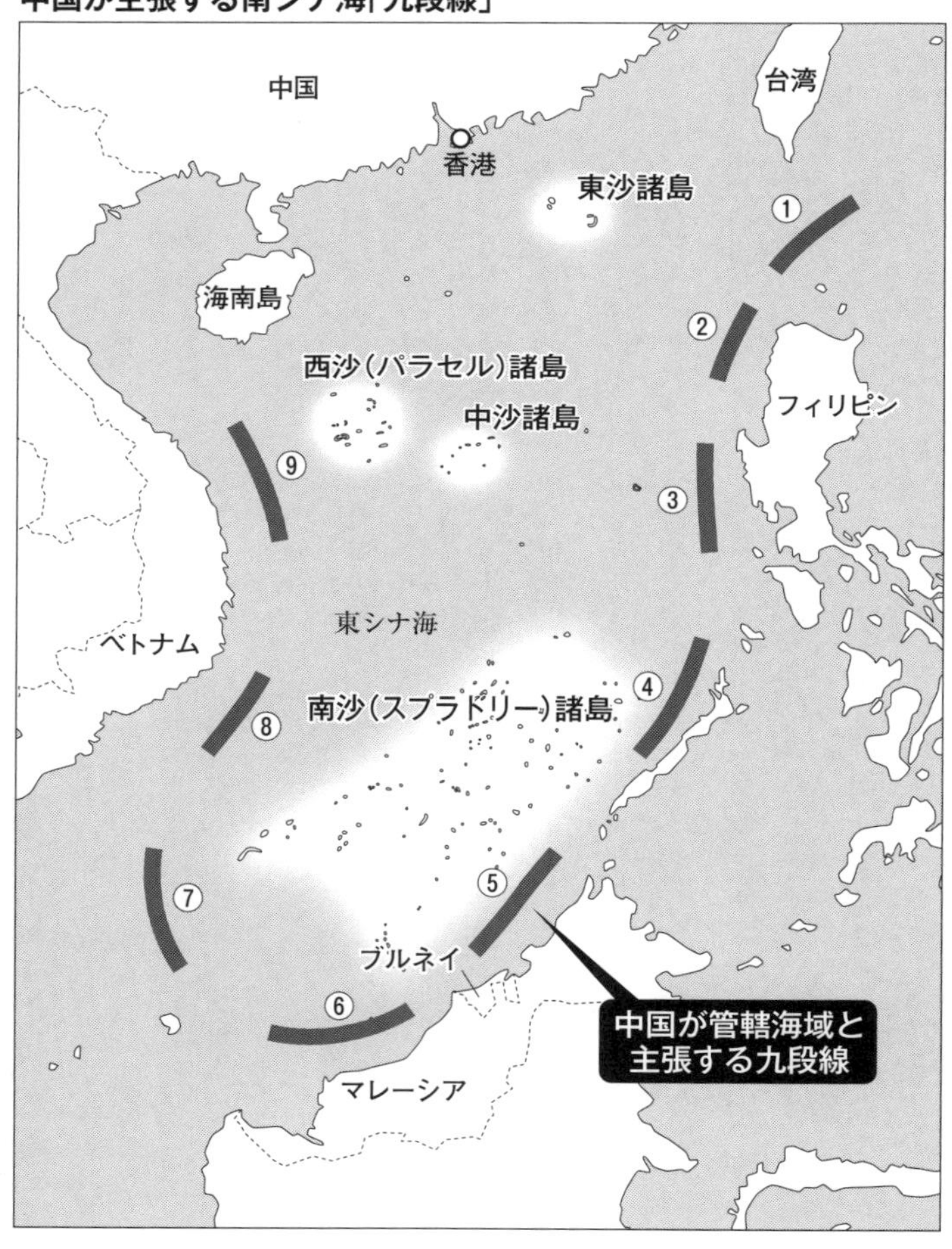

ベトナムとフィリピンの間にあるスプラトリー諸島に対しては、中華人民共和国、中華民国（台湾）は全体の領有を主張し、ベトナム、マレーシア、フィリピン、ブルネイの四カ国が一部の領有権を主張している。

中国とベトナムの排他的経済水域（EEZ＝沿岸から二百カイリの海域）の境界に広がるパラセル諸島は中国、台湾（中華民国）、ベトナムの三者がともに領有権を主張しているのが現状だ。

◎南シナ海問題年表

1973年1月	ニクソン大統領「ベトナム戦争終結宣言」
1973年3月	米軍ベトナム撤退完了
1974年1月	パラセル諸島の戦い、中国が南ベトナム軍へ奇襲攻撃、勝利
1975年4月	サイゴン陥落、南北ベトナム統一
1979年2月	中越戦争勃発
1988年3月	スプラトリー諸島海戦、中国の勝利、同諸島も奪取
1991年11月	米軍、クラーク基地をフィリピンに返還

１９９２年２月　中国領海法制定
１９９２年９月　米軍、スービック基地をフィリピンに返還
１９９４年　中国がフィリピンを追い出し、ミスチーフ礁を占拠、建造物構築
２０１２年７月　中国が南沙・西沙・中沙を含む海南省の行政区・三沙市を発足させる
２０１３年12月　スプラトリー諸島での埋め立て、基地建設開始
２０１６年７月　国際仲裁裁判所、中国の主張は国際法違反との判決

南シナ海での領有権紛争について、私がその複雑で危険な状況の一端を、自身の感覚で知ったのは、なんと四十年以上も前の一九七四年一月のことになる。

私は当時、毎日新聞記者として南ベトナム（正式の国名はベトナム共和国）の首都サイゴン（現在のホーチミン市）に駐在していた。

当時、ベトナム戦争はまだ終わっていなかった。ただし米軍はその前年の一九七三年三月に完全に撤退しており、北ベトナムと南ベトナムとの戦いが続いているさなかだった。

一九七四年一月といえば、米軍がそれまで全面的に支援してきた南ベトナムから完全に撤退して十カ月が経ったころだった。そんなときに南ベトナム政府が突然、南シナ海に関

する次のような談話を発表したのだ。

「南シナ海の南ベトナム領であるパラセル諸島の一部に、中国人民解放軍部隊が攻撃をかけてきて、南ベトナム海軍と戦闘となったが、中国側が南ベトナム軍を撃退し、同島を不当に占拠した」

一九七四年一月二十日、私は記者会見場で、南ベトナム政府の報道官が英語でこのような発表をしたときのことを、いまもよく覚えている。

当時の私は、南シナ海に南ベトナムが支配するそんな島々があったことも知らなかった。ましてや中国がその島々を武力で奪取する状態にあったことも、まったく知らなかった。だがいまとなってみれば、パラセル諸島の領有権をめぐる紛争は、半世紀近く前になるこの時期から、じつに険悪な形で存在していたことになる。

このときの中国と南ベトナムの戦闘の状況もやがて判明した。南ベトナム政府が詳細を公表し、国連に提訴したからだ。ただしこの提訴は国連安保理常任理事国である中国によって、簡単に押しつぶされてしまった。

パラセル諸島での戦闘は双方が軍艦と戦闘要員を投入し、二日にわたり激しく続いた。パラセル諸島のなかのロバート島やダンカン島が主要な戦場となった。結果は兵力の規模がずっと大きい中国側の圧勝だった。南ベトナム側の戦死者五十三人、中国側死者十八人という結果だった。

なにしろすでに四十年以上も前の出来事である。だが当時、私が痛感したのは中国が軍事攻撃をかけた絶妙なタイミング、狡猾(こうかつ)ともいえる時期の選び方のうまさだった。

繰り返すが、一九七四年一月には、すでにアメリカがベトナムを離れて十カ月近く経っていた。アメリカは「軍事的に南ベトナムを防衛する」という、それまでの長年の誓約が無効となりつつあった時期にあたる。

いや、より厳密に言えば、米国政治が混乱の中にあった時期でもある。

米軍を南ベトナムから撤退させた、当時のニクソン大統領は、もし北ベトナムが再び大部隊を動員して、南ベトナムという国を軍事的に滅ぼそうとすれば、再び米軍が介入するという約束を南側政府と交わしていた。ところがその約束をした当人のニクソン大統領が、ウォーターゲート事件での不正を暴かれ、一九七四年一月時点ですっかり力を失っており、辞職確実という苦境に追いこまれていた。そのため、ベトナムに再び米軍を送るなどという措置はまったくとれない状態にあった。

明らかに中国は、米軍が身動きをとれないその時期を狙って、孤立した南ベトナムへ一方的な軍事攻撃をかけてきたのである。

ここから私は二つの教訓を得た。

第一に、中国はこの種の領土紛争において、いざとなれば、まったくためらうことなく軍事力を使うという現実だ。

第二に、中国はその種の軍事力の行使にあたり、相手が弱く、反撃が不十分であることを十分、確認したうえで行動に出ることだ。

冷徹に計算しながら、相手からの反撃が少ないと判断したとき、一気に大胆な軍事攻撃に出る。相手国の背後に強大な同盟国がいないかどうか、いたとしても中国の軍事攻撃に対して同盟相手国を助け、中国への軍事反撃に加わるかどうか。その答えがはっきりと「ノー」であるときに、中国は軍事力行使のボタンを押すのである。

以来四十数年、中国はいまもなお、こうした態度を変えていない。海洋での領土拡張では軍事力を使うことをためらわない。ただし相手と状況を確認したうえで、必ず勝てると判断してからでなければ、決して簡単には軍事力を使わない。それが中国の特徴なのである。

中国はスプラトリー諸島においても、ベトナムに対し一方的に軍事攻撃をかけ、占有領域を拡大した。一九八八年三月には、スプラトリー諸島のうちベトナム側が支配していたジョンソン南礁を占拠した。

ベトナム側は海軍将兵七十人以上の戦死者と、輸送艦二隻の沈没、強襲揚陸艦一隻の大破を発表した。

中国はこの海戦でジョンソン南礁の他、ファイアリークロス礁、クアテロン礁、ヒューズ礁、ガベン礁といった岩礁または珊瑚礁を奪取した。

当時、ベトナム側はすでに南北統一を果たし、ハノイを首都とする共産主義政権の統治下にあった。ただし同じ共産主義政権同士でも、中国とはカンボジア問題その他をめぐって完全に対立していた。中国は一九七九年にはベトナムに正面から戦争を挑んでいたほどだ。

それから九年後に起きたスプラトリー諸島での中国とベトナムとの戦いは、「スプラトリー諸島海戦」として両国の歴史に残された。

この海戦では中国、ベトナム両国の海軍部隊が激突し、中国側が勝った。小規模とはいえ、そもそも中国側がしかけた、まさに〝戦争〟だったのだ。

フィリピンにも勝利、領海法と九段線

中国が計算に基づき、軍事行動に及ぶ時期を巧みにはかっていることを明確に裏づける事例がもう一つある。相手はやはり南シナ海で中国との領有権問題を抱えるフィリピンである。

アメリカはフィリピン国内で長年使ってきたスービック海軍基地とクラーク空軍基地を、一九九二年までに放棄した。フィリピン側の政治情勢その他の理由により、米軍が撤退したのだ。

その後まもなく、中国は南シナ海でフィリピンと領有権を争っていた東沙諸島や中沙諸島の岩礁をすこしずつ占拠し始めた。アメリカはフィリピンの同盟国ではあったが、この時期、フィリピン側の政治情勢のために同盟は骨抜きとなっていた。米軍のフィリピンを守るための抑止力が事実上、なくなっていたのだ。

中国はこの好機を逃さなかった。一九九四年秋、中国はスプラトリー諸島のカナメに位置するミスチーフ環礁に軍事攻撃をかけた。

同環礁を囲む海域はフィリピンが完全に自国領とみなし、行政権も執行し、多数のフィ

リピン漁船を毎年、送りこんでいた。にもかかわらず中国軍はこの海域と環礁を軍事占拠し、フィリピン漁船を拿捕し、さらにフィリピン軍を撃退した。

さらに中国はミスチーフ環礁に軍事施設の建設を始めた。完全に一方的な軍事力の行使だった。アメリカとフィリピンの相互扶助のきずなが最も弱くなった時期を見据えたかのようなタイミングで、軍事攻勢をかけたのだ。

中国のこうした巧妙な戦略は長年、一貫して続いているのである。

中国の海洋戦略の特徴は、中国の国内法「領海法」からも垣間見える。

「領海法」は一九九二年二月二十五日、中国の立法機関に位置づけられる全国人民代表大会（全人代）が制定し、発布した。その内容は中国の領海やそれに続く接続水域を一方的に指定していた。

この法律は、正式には「中華人民共和国領海および毗連区法」という。「毗連」は「連なる」とか「隣接する」という意味で、毗連区というのは接続水域のことである。が、ここでは便宜上、この法律を中国の「領海法」と呼ぶ。

この「領海法」は中国の領海と接続水域について規定している。そもそも領海とは、ある国が海に面する場合、その沿岸から十二カイリ（約二二・二キロ）までの海域を指す。その海域は沿岸国に帰属する領土と同じで、その国の主権や法律が適用される。国連海洋条約その他の国際ルールで定められたものだ。

接続水域とはその領海からさらに外側に十二カイリの海域である。この海域でも沿岸国が自国の通関や財政、衛生など一定の法律や権限を行使することができる。自国の領土並みとまではいかないが、かなりの程度、沿岸国の権利が認められる海域である。

だが中国の「領海法」はその領海と接続水域の両方について、中国が独自に規定した法律だった。

その「領海法」第二条では中華人民共和国の領海として「同国の陸地領土に隣接する海域」と述べ、その領土の実例として「台湾および釣魚島（尖閣諸島の中国名）を含む附属各島、澎湖列島、東沙群島、西沙群島、中沙群島、南沙群島および中華人民共和国に所属する一切の島嶼」と明記している。

つまり南シナ海と東シナ海のすべての紛争領土を、まったく一方的に中国領だと宣言し、その周辺の水域を中国の領海あるいは接続水域だと決めつけたのだ。

この宣言に従えば、南シナ海のほぼ全域が中国領となってしまう。ベトナム、フィリピンなどの諸国と領有権を争ってきたスプラトリー諸島やパラセル諸島も、一方的な宣言で中国領と断定されてしまったのだ。

この「領海法」はあくまでも中国の国内法だ。通常、国内法は国際法に優越しない。にもかかわらず、国際紛争の対象として未解決のままの諸島や海域を、国内法によって中国領だと断定したのである。中国の海洋戦略の身勝手さが、この「海洋法」に見て取れるのではないだろうか。

さらに「領海法」の背後にはより身勝手な、おかしな主張が待っていた。南シナ海での「九段線」という主張だ。

九段線とは中国政府が南シナ海の地図に描いた九つの短い線のことで、線を結んだ形が動物の舌にも似ていることから「中国の赤い舌」などとも呼ばれてきた。その線をつなげると、南シナ海のほぼ全域がその線の内部に入ってしまうのだが、中国はその九段線の域内を自国の領海だと主張しているのである（九十六ページの地図参照）。

中国政府は建国後間もない一九五〇年代初めから、南シナ海での自国の領土、領海の範囲を主張するためにこの九段線を宣伝し始めた。当初は自国で発行する南シナ海の地図にこの九本の線を書きこむようになった。その後、政府としての対外主張でも九段線をその根拠として提示するようになり、あげくの果てに中国政府は、自国が発行するパスポートにまでこの九段線を印すようになった。

ところがこの九段線の主張の具体的な根拠となると、きわめて曖昧で、中国自身も「歴史的な権利」としか述べないのである。

一方、前述の一九九二年の「領海法」の第二条が明記した「東沙諸島、南沙諸島」などという島の所在を線でつないでいくと、この九段線とほぼ一致する。中国側での法体系からすれば、「領海法」が九段線に依拠し、さらに「領海法」が九段線に法的な裏づけを与えたともいえる。

当然のことながら、このような中国の一方的な主張は、国際的にはまったく通用しない。特に南シナ海の各諸島で領有権を中国と争うフィリピンやベトナムなどの国々にとっては、九段線など、とんでもない暴論としか言いようがない。

だがそのような批判はどこ吹く風で、中国は以上のような経緯のもとに南シナ海での自国の領土や領海を強引に広げ始めたのである。他国と主権がぶつかる島々でも、紛争海域でも、自国領だとの主張の下に、攻勢をかける。いざという場合は軍事力の威嚇や行使をも辞さない。

一九九二年に領海法を定めてから、南シナ海での中国の本格的な膨張が始まった。この時期から中国は軍事力の増強のペースを一段と加速した。とくに海軍力の強化がめざましかった。それまで沿岸海軍と呼ばれていた部隊を遠洋海軍と呼べる規模へと拡大していったのだ。まさに、法律戦と軍事力を駆使して領海拡大を図り始めたのである。

「核心的利益」対「航行の自由」

こうした長い歴史を持つ中国の南シナ海での危険な膨張は、アメリカとの対立をももたらすこととなった。

二〇〇九年以降、オバマ政権、さらにはトランプ政権となった現在、中国の南シナ海での行動は侵略的な様相をみせている。アメリカにとってだけでなく、国際的な秩序や規範にとっての重大な挑戦となってきたのである。

中国のそうした膨張志向は留まるところを知らず、東シナ海へも広がり、わが日本領土の尖閣諸島にまでそのホコ先が向けられているのである。

アメリカの南シナ海問題への反応は、中国のあまりに傍若無人な行動により変わらざるをえなくなった。中国との対立はなんとしても避けようとしてきたオバマ政権でさえ、中国の行動を黙視できなくなったのである。

オバマ政権のヒラリー・クリントン国務長官が、中国の南シナ海での行動を正面から批判したのは二〇一〇年七月。ベトナム・ハノイでの東南アジア諸国連合（ASEAN）の会議で、クリントンは南シナ海での中国の海洋戦略を厳しく批判した。

「南シナ海は中国の占有物ではなく、アメリカは航行の自由を強く求めます」

アメリカの歴代政権は、これまで他国同士の領有権紛争には、たとえ同盟国が当事者でも原則として介入してこなかった。だから南シナ海での紛争にも長い年月、距離をおいてきたのだが、ここへきて不満が高まり、ついに介入を辞さずという構えをみせたのである。全世界が注視したこの厳しい批判は、アメリカのこの海域への懸念の高まりの表れだったといえよう。

アメリカの軍部も南シナ海での中国の行動に厳しい視線を向けるようになった。

二〇一一年六月、ワシントンで開かれた「中国とアジア・太平洋」と題する大きな会議で、米海軍太平洋艦隊のパトリック・ウォルシュ司令官が興味深い発言をした。

司会役から「いまあなたが日夜、軍事的な警戒を最も絶やさない地域はどこですか」と問われた同司令官は、ためらわずにこう答えた。

「あまりに多くの領有権紛争が存在する南シナ海です。そこでの不測の軍事衝突という可能性に、いつも注意しています」

当時の太平洋軍のロバート・ウィラード司令官も、トモダチ作戦の総括を説明した二〇一一年六月の演説で、南シナ海の重要性を経済安全保障の観点から力説した。

「南シナ海はマラッカ海峡を通って全世界の総貿易量の三分の一、石油の全海上輸送の二分の一が往来します。その海域が特定の一カ国の規則違反の行動で『航行の自由』が妨げられるとなると、軍事的な対応も検討されることになります」

「南シナ海での緊迫は中国の攻勢的な主権主張や軍事がらみの行動が原因だ」という認識は、米軍高官たちの間でも一致するようになっていったのだ。

このプロセスでは、中国側の南シナ海での膨張への国家的意欲を証明する動きがあった。

中国当局は二〇〇九年ごろから自国の基本的な利益として「核心的利益」という表現を公式に打ち出すようになった。アメリカとの閣僚レベルの会談では、中国側は「核心的利益」の範疇（はんちゅう）に南シナ海が含まれることを明らかにしたのである。

「核心的利益」とは国家の主権や領土保全にかかわる利益や権利であり、その防衛のためには戦争をも辞さないという意味がこめられている。具体的には第一が台湾、第二がチベットと新疆ウイグル自治区、第三には南シナ海があげられる。

中国のこうした膨張は当然、アメリカや東南アジア諸国の反発を浴びることとなる。ワシントンで記者活動を続ける私も、南シナ海についての動きを報道する機会が増えていった。例をあげる。

オバマ政権誕生の翌年、二〇一〇年二月四日、アメリカ議会の政策諮問機関「米中経済安保調査委員会」は「東南アジアでの中国の活動とアメリカにとってのその意味」と題する公聴会を開いた。アメリカ議会が南シナ海での中国の行動を正面から取り上げ、オバマ政権の高官や議員側から、南シナ海での中国の軍事がらみの進出への懸念が表明された。日本の海上輸送も、この中国の軍事進出により危険にさらされるという見解も述べられた。

ロバート・シェア国防次官補代理は、中国が東南アジア全体で外交や経済の関与を深める一方、軍事活動をも強化していると述べ、とくに「南シナ海での軍事プレゼンスを高め続けている」と証言した。

シェア次官補代理は「中国軍は海南島の海軍施設を増強して、南シナ海での米軍側の海上と航空の活動への対応を強めている」と強調した。

シェアはまた、中国が南シナ海の諸島の領有権をめぐるベトナム、フィリピン、マレーシアなど計六カ国との紛争で、一方的かつ戦略的に主権を主張するやり方は、アメリカ政府として認めないと述べた。

シェアは、中国が南シナ海で、国連海洋法の定める陸地から二百カイリの排他的経済水域（ＥＥＺ）を事実上、自国領海扱いし、同水域内の他国の軍事艦艇の航行に許可を求めるなどの措置をとっていることに対しても「拒否する」と言明した。

オバマ政権のデービッド・シアー国務次官補代理も厳しい論調を口にした。南シナ海に関する中国の言動に関連して、中国当局がベトナムの石油・ガスの開発活動にアメリカなどの企業の参加の禁止を指示し、応じなければ、重大な結果に直面すると警告したことを取り上げ、「アメリカ企業に脅しをかけることは、自由市場の原則に反する」と反論した。

議会側からも共和党のデーナ・ローラバッカー下院議員が中国を非難した。

「中国は軍事力で南シナ海の自国権益を拡大しようとしており、パラセル諸島のウッディ島、スプラトリー諸島のファイアリークロス礁にいずれも最近、軍事関連施設を建設し、フィリピン西岸のミスチーフ環礁の海軍施設とともに、南シナ海からインド洋への海上輸送路の軍事支配能力を高めています」

同議員が「中国のこうした軍事能力の増強は、日本も弱体化させる」と警告したことは、とくに私の印象に残っている。

しかしオバマ政権や議会の有力議員たちが、中国の南シナ海での侵略に近い行動を非難しても、中国のその種の動きは止まらなかった。むしろかえってエスカレートしていった。

中国を止められない!

前記の公聴会から二年半近くが過ぎた二〇一二年六月末、ワシントンでの国際会議で、「南シナ海での中国の行動がかえって拡大し、周辺諸国の懸念や反発を高めている」ことが明らかにされたのだ。

この会議は「南シナ海での海洋安全保障」と題され、米大手研究機関「戦略国際問題研究所(CSIS)」が主催した。この会議の特色は、南シナ海で中国の領有権拡大の標的となった諸国の代表の発言だった。

「俺のものは俺のもの、お前のものも俺のもの。これが中国の態度です。南シナ海での領有権問題を扱うのに、公正な態度だといえますか」

こんな発言がフィリピン外務省の海洋問題担当代表、ヘンリー・ベンスルトから出た。フィリピンが主権を宣言する、南シナ海のスカボロー礁の領有権を主張する中国は、何度も艦艇を送ってフィリピン側を撃退した。この環礁はフィリピンの主島ルソンから二百五十キロだが、中国本土からは千三百五十キロも離れた海上にある。

また、ベトナム外交学院のダン・ディン・クイ院長もこう発言した。

「中国は、結局は南シナ海全体を自国の湖にしようというのです。南シナ海紛争はその産物なのです」

この章の冒頭で触れたように、ベトナムは実効統治してきたパラセル諸島から一九七四年一月に中国海軍の奇襲を受け、撃退された。

中国の海洋攻勢は、プノンペンでの東南アジア諸国連合（ＡＳＥＡＮ）主催の一連の国際会議でも主題となった。日本にとっても尖閣諸島の近海、日本領海への中国漁業監視船の侵入は大きな問題となっている。この監視船は、米側では中国当局が準軍事任務の先兵とする「五匹のドラゴン」のひとつとされており、周辺国は危機感を増している。

これらの発言は、中国の海洋戦略攻勢に対する国際的懸念の高まりといえるだろう。

膨張を続ける中国に対し、日本側ではこのころ〝尖閣諸島の実効支配を明確にする措置に反対する声〟がしばしば聞かれていた。

東京都の尖閣購入話が持ち上がったのは二〇一二年四月。結果的には国有化となったが、朝日新聞はこれに反対し、もっぱら「中国との緊張を和らげる」ことを社説やその他の記事で求めた。さらには、あろうことか日本の外務省元国際情報局長の「尖閣は日本固有の領土という主張を撤回せよ」という意見までを喧伝した。二〇一〇年九月の尖閣沖中国漁船衝突事件を経た時期であるにもかかわらずだ。

しかし「中国を刺激するな」といったこの種の主張は、中国側の尖閣奪取への意欲を増長させるだけである。中国の侵略的な進出を、とにかく放置することがベストだとすることの種の主張の不毛さは、すでに南シナ海での一連の展開で立証されているではないか。

融和を説き、日本の主張を曖昧にすれば中国に付け入るすきを与える。何より、緊張の緩和や融和を求めても、中国側の専横な領有権拡大を招くだけとなる現実は、南シナ海の実例を考えれば火を見るより明らかだろう。

そのうえ東南アジア諸国の抗議に対して、中国は正面からの力業だけでなく、側面からの巧妙な方法で対抗するようにもなった。南シナ海での一方的な占拠海域の拡大に対してフィリピンなどの各国が強硬な反対の意向を示し続けると、中国は「威圧経済外交」とも呼べる〝からめ手の作戦〟で反撃してきたのだ。

二〇一二年八月、アメリカの専門家がその手口について報告した。ワシントンの前述の「戦略国際問題研究所（ＣＳＩＳ）」の上級研究員で中国の戦略や外交の専門家、ボニー・グレーザーが発表した「中国の威圧的な経済外交＝懸念すべき新傾向」と題する論文である。グレーザーは一九九〇年代以来、アメリカの歴代政権で国防総省や国務省の対中政策の顧問を務めた、ベテランの女性研究者である。

この論文の前段としてはその直前、つまり二〇一二年七月に開かれた東南アジア諸国連合（ＡＳＥＡＮ）外相会議で、議長国カンボジアが中国からの圧力で、同会議の南シナ海についての共同声明を葬った出来事があった。

中国の南シナ海での無法な行動は、すでに東南アジア諸国の間に深刻な懸念を生んでいた。そのため、カンボジアの首都プノンペンで開かれたＡＳＥＡＮ外相会議でもその懸念を共同声明に盛りこもうとする努力が、多数の加盟国の外相の間で進められていた。ところがその動きに議長国のカンボジア代表が反対して、結局、共同声明自体を出せなくなった。ＡＳＥＡＮ外相会議で共同声明が出ないというのはそれまで前例がなく、これは明らかにカンボジアが中国の圧力を受けた結果だった。

この経緯についてグレーザー論文は、まず中国がそれまでの十年ほど、総額百億ドル以上、二〇一一年度だけでもアメリカの援助の十倍を超える額の経済援助をカンボジアに与えており、今回のＡＳＥＡＮ外相会議の舞台となったプノンペンの「平和宮殿」の建設資金をも提供したことを記している。そのうえで以下のように述べるのだ。

〈中国はカンボジアのこの対中経済依存を利用して、ＡＳＥＡＮ外相会議では共同声明に南シナ海に触れる記述を一切、含めないようにすることを強く要請し、カンボジアはそれを実行した。その結果、同会議は発足以来四十五年間、初の共同声明なしとなった〉

ボニー・グレーザー
(Bonnie Glaser)

グレーザー論文は、中国の威圧経済外交の対象としてさらにフィリピンをあげる。

フィリピンは二〇一二年四月、南シナ海のスカボロー礁の領有権をめぐり、中国との対立を一段と深めていた。その結果、両国がふたたび同礁海域に艦艇を送りこんだが、フィリピン政府は同年六月にすべての艦艇を同海域から引き揚げた。中国が数隻を残したのとは対照的に、だ。

同論文によると、その背景には中国政府がフィリピンからのバナナ、マンゴーなどフルーツの輸入の検疫措置を異常に厳しくした事実があった。そのうえ中国政府は中国人観光客のフィリピン訪問を禁止したのである。その結果、フィリピンの官民が大きな被害を受けたのだった。

フィリピンの財界がそれ以上の経済的打撃を防ぐため、自国政府に領有権問題での中国への譲歩を訴えた。フィリピン政府はその圧力に耐えかねて、スカボロー礁の海域からすべての自国の艦艇を引き揚げたのだ。

むろん中国からみれば、経済をからめた「威圧」が功を奏した、ということになる。グレーザー論文は中国のこの戦術を「威圧経済外交」と評する。南シナ海での領有権紛争という安全保障上の争いで経済的な手段を使い、相手国に被害を与え、圧力をかける手法である。

グレーザーは同様の事例として二〇一〇年九月の中国政府のレアアース（希土類）の対日輸出停止をも指摘する。尖閣諸島海域への中国船侵入に端を発した日中衝突で中国側は経済手段を使って、日本側の政策を変えさせようと図ったのだ。

グレーザー論文がさらに強調したのは、中国がノーベル平和賞をめぐってノルウェーに露骨な経済圧力をかけたことだった。

二〇一〇年十月、中国はノーベル賞委員会がノルウェー政府とは別個であるにもかかわらず、同政府に同平和賞を中国の民主活動家の劉暁波（りゅうぎょうは）に与えないよう求め続けた。同論文によると、その要求が相手に受けいれられないとみた中国は、ノルウェー産サケの自国への輸入を新規制の発動で大幅に削減した。その結果、二〇一一年のノルウェーの対中サケ輸出は六〇％も減ってしまったという。

こういう事例はみな、中国政府が政治や安保面で他国の政策を自国の主張に沿って変えさせるために、経済手段を威嚇的に使う〝威圧経済外交〟といえるだろう。

中国は貿易でも援助でも投資でも、経済面でのグローバルな活動を急速に広めている。その種の活動を本来、経済とはまったく無関係の領有権や政治的な紛争での相手国攻撃の手段として平然と使うというわけだ。となると、中国との経済取引はいつも慎重に、ということとなる。

とくに中国にとって、尖閣諸島という正面からの対決案件を抱えている相手の日本に対しては、経済を武器として攻撃してくる。その実例はすでに何度も発生しているのだ。

進む軍事基地建設、遅きに失したアメリカの対応

次に南シナ海で起きた重要な出来事は、中国による人工島の建設だった。領有権を争う島の浅瀬や岩礁、環礁に大量の土砂を埋め、新たな島をつくる、あるいはすでにある島を大きくする、という無法な暴挙である。

二〇一四年五月、フィリピン外務省は中国がスプラトリー諸島のジョンソン南礁を埋め立てていることを示す、時系列の写真を公開した。フィリピン側は中国に対し、「ジョンソン南礁は自国領であり、その勝手な埋め立ては国際法にも違反している」と抗議した。だが中国は「自国領内で何をしても主権の範囲内だ」と反論した。

フィリピン側はさらに、中国がスプラトリー諸島の合計七カ所の浅瀬で埋め立てを進めている、と発表した。このうちのファイアリークロス礁とスビ礁の二カ所では、滑走路を持つ軍事基地が建設されつつあることも報告した。

中国は南シナ海での領有権拡大のために、海洋の岩礁や浅瀬に大量の土砂や土台を埋め立て、新たな島や陸地にする作業を大規模に始めたのである。ベトナムやフィリピンと領有権を争うスプラトリー諸島の、もともとは島ではなかった岩礁や浅瀬に土砂などを大量に埋め、新しい島にしてしまうという強引なやり方だった。

スプラトリー諸島全体の領有権が紛争中で決定していないのに、中国当局はその大部分を一方的に軍事手段で占拠した。それだけではない。人工島を造成して、軍事基地にするとなれば、国際法上も、外交規範に照らしても、あまりに露骨な無法行為だといえる。

アメリカ政府機関の情報によると、中国当局は二〇一五年春ごろまでの一年間に、埋め立て作業によってスプラトリー諸島のガビン礁に十一万四千平方メートル、ジョンソン礁に十万平方メートル、ファイアリークロス礁に一平方キロメートルの新たな島や陸地を築いた。

とくにファイアリークロス礁の人工島には長さ三千メートルもの滑走路が建設されつつあるという。これら三カ所の埋め立て陸地の広さは、合計すると一・二平方キロメートルほどで、竹島の約六倍、日比谷公園全体の六倍以上の面積となる。

中国当局は関係各国からの非難に対して「自分の家の庭で何をしようが、他国から抗議を受ける理由はない」（王毅外相）と一蹴した。まさに厚顔無恥の開き直りだった。

この事態を前に、さすがのアメリカも強い抗議を表明するようになった。アメリカ議会は民主、共和両党の議員たちが超党派で、中国のこの動きへの反対をぶつけるようになった。上院軍事委員会と外交委員会の共和、民主両党の中心議員四人が連名で二〇一五年三月十九日、オバマ政権に強固な対応でこの埋め立て作業を阻止するよう求める書簡を送ったのである。

軍事委員会では委員長で共和党のジョン・マケイン議員と民主党筆頭委員のジャック・リード議員、外交委員会では委員長で共和党のボブ・コーカー議員と民主党筆頭委員のボブ・メネンデズ議員が書簡へ名を連ねた。書簡の宛先はアシュトン・カーター国防長官とジョン・ケリー国務長官だった。

書簡の内容は中国の南シナ海、とくにスプラトリー諸島での埋め立てと人工島造成は、国際法に違反し、他国の船舶の航行の自由を阻むだけでなく、中国の軍事拠点としての機能を有し、アメリカや他の同盟諸国の安全保障への重大な脅威になる、としていた。

同書簡はさらに「中国によるこれら人工島の軍事化はアジア・インド洋全域の平和と安定に深刻な影響を及ぼす」と強調。さらに「私たちもオバマ大統領と同様に、中国が国際関係において建設的な役割を果たすことを期待している」と述べたうえで、「中国の現在の強圧的でエスカレートする一方の海洋領土の拡大を放置すれば、アメリカやその同盟諸国がこれまで七十年もの間、築いてきた地域全体の平和的な秩序が壊される」と警告。
そしてオバマ政権のこれまでの対中姿勢は、軟弱すぎるとの示唆をにじませながら、「中国の埋め立てに象徴される、平時の威圧的な行動を改めさせる新戦略の形成」を求めたのである。

同書簡はその対中新政策の基本として、以下の点を提案していた。

〈アメリカ独自の中国の埋め立て作業阻止の安全保障手段を新たに考案し、実行する〉
〈中国の埋め立てなど威圧的な海洋行動についての情報をより定期的に公表する〉
〈これまでの対中関与行動を制限、あるいは停止し、中国の埋め立て作業に抗議する〉
〈アジア地域の同盟国、友好国と防衛協力を深め、中国の埋め立てへの反対を強める〉

同書簡は中国の埋め立て膨張作戦への「同盟国、友好国の防衛能力の強化を支援する」ことをも再三強調して、場合によっては中国の一方的な動きを実力で阻止することさえ試みる可能性を示したのだった。

また同書簡は、中国の海洋での一方的な領土膨張は東シナ海でもすでに実行されていると明記。東シナ海での中国の埋め立て作業にこそ触れなかったが、尖閣諸島も中国のその種の膨張戦略の対象であることを明らかにした。

アメリカの対外戦略や外交は、行政府の大統領に一義的な責任があるが、議会でも上院の外交委員会や軍事委員会は予算承認を通じて、そうした分野に大きな発言力を持っている。この書簡は明らかに、オバマ政権のそれまでの対中政策が不十分だという前提の要望書であり、共和、民主の両党の最有力議員たちが名前をそろえた点にも重みがあった。

当然ながら、アメリカ議会でのこうした動きを、日本側としても注視しないわけにはいかないだろう。

議会のこうした動きを受けて、オバマ政権はようやく、中国の人工島づくりへの反対を表明した。埋め立てでできた新しい島や陸地は、中国の領土としては一切、認めないという態度をとった。

オバマ大統領は当初、中国政府に対し、南シナ海での領土拡張には抗議しながらも、その領有権紛争はあくまで当事国同士で解決すべきだという態度をとっていた。

だが中国が軍事力を武器に一方的に人工島づくりを進め、その埋め立て地から十二カイリの水域を新たな中国領海だと宣言するにいたって、オバマ政権は中国の行動は公海への無法な膨張、そして公海での国際的な航行の自由への阻害だと非難するようになった。

そしてオバマ政権はやっと重い腰をあげ、中国に対して軍事がらみの抗議行動をとったのである。アメリカ海軍艦艇による「航行の自由作戦」と呼ばれる行動だが、遅きに失したと言わざるをえない。

アメリカ海軍は二〇一五年十月二十七日、イージス駆逐艦ラッセンを南シナ海に派遣し「航行の自由作戦」を開始した。南沙諸島のいくつかの岩礁を大規模に埋め立てて人工島を造り、滑走路など軍事利用可能な施設を建設している中国を強く牽制するための軍事行動だった。

イージス艦のラッセンは中国側が新たに領海だと主張するスプラトリー諸島の海域をあえて航行したのだが、その方法はいかにもオバマ政権らしく、穏健で消極的だった。

一国の軍艦が公海を航行する場合、ほとんどは数隻で艦隊を組み、兵器使用のためのレーダーをONにしておく。しかもその近くの他国側に事前に通告することもない。ところがオバマ政権は「航行の自由作戦」において、中国側への遠慮をみせ、航行はラッセン一隻だけ、兵器用のレーダーもOFFにしていた。しかも中国側がその航行を事前に知るような宣伝までしていたのだ。これでは抗議どころか、「無害通航(むがいつうこう)」以下である。無害通航(Innocent passage)とは、沿岸国の平和・秩序・安全を害さないことを条件として、沿岸国に事前通告することなく、沿岸国の領海を他国船舶が通航することを指す。内陸国を含め、すべての国の船舶は他国の領海において無害通航権を有するが、オバマ政権は「航行を事前に知らせるがごとき」宣伝を行っており、この点で「無害通航以下」だったというほかない。

オバマ政権はその後も、翌年の二〇一六年にかけて二回ほど同じような作戦を実施したが、いずれも「無害通航」だった。あまりに控えめな抗議であり、オバマ政権のこうした「抗議」があっても中国は南シナ海での膨張を止めなかった。

常設仲裁裁判所の判決とトランプ新政権の動き

二〇一六年七月には南シナ海で大きな出来事があった。国際司法機関であるオランダ・ハーグの「常設仲裁裁判所」が、南シナ海の領有権などに関する中国政府の主張はほぼ全面的に根拠がないという裁定を下したのである。

同仲裁裁判所は国連海洋法条約などに基づき、海洋問題に関する各国間の紛争などを仲裁、裁定する機関である。南シナ海問題についてはフィリピン政府が、二〇一三年に中国を相手どってこの仲裁裁判所に訴えを起こしていたのだ。

フィリピンの訴えは、中国側の南シナ海の九段線やスプラトリー諸島、パラセル諸島の領有権についての主張はすべて無法だとする趣旨だった。中国政府はこの訴え自体に激しく反発していた。だが仲裁裁判所はフィリピン側の主張を大幅に支持する裁定を公表したのだった。

その裁定の内容は以下の骨子だった。

- 中国の九段線に関する主張は国際法上、根拠がない
- スカボロー礁やスプラトリー諸島の領有権についても中国の主張は根拠が薄弱
- 中国による人工島の建設は、軍事活動ではないが違法
- 中国がフィリピンの漁船などの活動を妨害したのも違法である
- スカボロー礁で中国の艦船は違法な行動によりフィリピンの艦船を危険にさらした

裁定は文字どおり、中国側の全面敗北を意味していた。これで南シナ海における中国の膨張に歯止めがかかるのではと周辺国は期待した。だがさすがに無法国家の中国である。この種の国際裁定は断固として排除するというのだ。中国の王毅外相は裁定を「一片の紙屑にすぎない」とまで言って否定した。

もちろん、全世界の大多数の諸国はフィリピン側の提訴とこの裁定を支持し、当然ながら中国を「国際ルールを守らない無法国家」として非難することとなった。だが、そんなことではまったくめげないのが中国なのである。

南シナ海の以上のような状況は、二〇一七年一月のトランプ政権の誕生後、かなりの変化を予測させるようになった。トランプ政権が中国に対して、とくに南シナ海での中国の無法な膨張に対して、オバマ政権よりかなり強固な態度をとる姿勢をみせ始めたのだ。

トランプ自身、大統領就任前の二〇一六年十二月下旬、南シナ海での中国の膨張を激しく非難していた。その抗議を中国側が最重視する「一つの中国」原則にまでリンクさせるという構えさえみせた。トランプは「中国が貿易政策や南シナ海での膨張でアメリカの要請に応じないのに、アメリカがなぜ中国の『一つの中国』の要求に縛られる必要があるのか」と言明したのだった。

オバマ政権とはまったく異なる対中姿勢だったのはもちろん、対中関係で「一つの中国」を交換条件のように使うことは、アメリカの歴代大統領の誰もやらなかった新手法だった。

トランプは同じ十二月下旬、新政権の対中政策の一環として「国家通商会議」の新設を発表し、議長には対中強硬派として知られるカリフォルニア大学教授のピーター・ナバロを任命した。

ナバロは中国が軍事力を背景に南シナ海、東シナ海で強圧的な攻勢を進め、アメリカの国益を侵しているとして、米側の軍事増強と日本など同盟諸国との連携の強化で中国を抑止することを提唱してきた人物である。著書『米中もし戦わば』（文藝春秋）は日本でも大きな話題になった。

また、トランプ政権の国務長官に任命されたエクソンモービル社の前最高経営責任者、レックス・ティラーソンは、二〇一七年一月十一日、南シナ海での中国の行動に強硬な抗議を表明した。任命承認を審議する議会上院公聴会で、南シナ海での中国の無法な膨張に対して「中国に人工島建設を停止するように明確なシグナルを送る必要がある」と警告。「中国軍はこれら人工島の軍事基地への接近も認められなくなる」とまで言明した。

さらにはトランプ政権の国防長官に任命された元海兵隊大将のジェームズ・マティスも一月十二日の上院公聴会で中国を「世界秩序への戦後最大の脅威」の一つとしてあげた。同時に中国の南シナ海と東シナ海での進出を「アメリカの同盟諸国への脅威」だと指摘している。

マティスはそのうえで、アメリカがアジア太平洋地域で中国を抑止する軍事態勢を維持することの重要性も強調した。明らかに南シナ海での中国の行動に対する軍事抑止策を表明したのである。

確かに二〇一七年に入ってから、トランプ政権の中国へのこうした断固たる姿勢は、やや穏やかになった観もみせた。年頭から相次いだ北朝鮮の核兵器やＩＣＢＭの開発の危機への対処として、トランプ政権が中国の協力を求めたためだった。とはいえ、南シナ海での中国のこれ以上の膨張は許さない、とする強い姿勢は、基本的に変わっていない。

アメリカが退く日

ここで改めて考えておきたい。中国の南シナ海での究極的な狙いとは何なのか。各国から非難され、脅威とみなされながら、一体なぜ国際法無視の膨張を続けるのか。その長期的な戦略とは何なのか。

中国の南シナ海戦略に対する、アメリカ側の専門家の分析を紹介しよう。

まず、第一章でも紹介した中国海洋研究所のピーター・ダットン所長の見解だ。

——中国の南シナ海での海洋戦略の基本の目的とは何なのでしょうか。

ダットン「中国にとっての目的は、まず自国にとっての安全保障の緩衝(かんしょう)地帯を拡大すること。海洋の防衛線をより遠方へと広げたいわけです。

第二は、南シナ海、黄海、東シナ海などの『近海』での自然資源のコントロールです。石油関連だけでなく魚類などの水産資源も含まれます。

第三は地域統合です。自国の南にある諸国を中国主導でまとめようとする。朝鮮半島や日本への影響力も拡大するという目標です。海洋での動きは、これらの目標を動因にしています」

——中国にとっての「地域統合」とはどういう意味でしょうか。

ダットン「中国が政治、経済、商業などの次元でアジアの近隣諸国を、自国の主導を受けいれる結束性を持った集まりへとまとめようとする意図、あるいはそのための試みを意味します」

――中国の南シナ海での海洋戦略には特異な特徴が多々あります。その特異性をどう説明しますか。

ダットン「中国の南シナ海での海洋戦略の特殊性は、海洋主権と海洋管轄権に対し、他国と異なる膨張的な見解をとっていることです。主権は国家による完全な支配、管轄権は特定目的での制限つきの支配です。

たとえば沿岸から二百カイリの排他的経済水域（ＥＥＺ）は、国連海洋法では自然資源などに限定された制限つきの管轄権しか沿岸国には認められず、大多数の国はそれに従っています。

しかし中国は『管轄』を拡大解釈し、強制的に執行できる安全保障上の法的権利を、十二カイリの領海を越えてＥＥＺまで中国の国家が有するとみなすのです。

その『法的権利』は国際法では認められていません。国連の海洋法についての会議でも一九七〇年代、八〇年代にもそんな権利は含まれない、として拒まれたのです」

つまり中国は他国と異なり、沿岸から二百カイリのＥＥＺ内部の水域も空域も、領海、領空のように扱っているというのだ。中国は国連海洋法を守るべき立場に加わっているのだから、他国と同じ普通の解釈を受け入れねばならない。だが実際には、国際合意無視の野心的で拡張的な政策を押し通している。中国海軍の大増強もそんな異質の戦略の上に築かれているといえよう。

ダットンはさらに、中国の海洋戦略のもう一つの異質性を指摘した。

「それは現行の国際法に過去の歴史の権利や利害を挿入して、勝手に再解釈することです。大中華帝国の長い歴史をさかのぼり、二千年も前の水域への権利をいまの国際規則にねじこんで支配や領有を主張するという方法です。

国際法では、歴史的主張を現在の水域の権利に盛り込むことは一部認められますが、その場合、主張の独占性、長期性、他者の黙認の三条件が必要です。しかし中国の紛争諸島の領有権やＥＥＺでの主張は、その一と三の条件に欠けています」

中国の海洋戦略はそもそも、国際的な法律や規範は最初から無視ということなのである。

――では中国は無法な海洋戦略の野心的な目的を、どのような手段で達成しようというのでしょうか。

ダットン「第一はまず軍事力増強で制海権を握り、紛争を中国の望む形で解決しようという手段です。この手段は単に海軍力だけでなく、衛星での情報収集、サイバー攻撃の能力強化、ミサイルの増強など多次元にわたります。

第二は中国が近海と呼ぶ海域での管轄権の強化を法的次元で進めることです。とくに南シナ海や東シナ海で標的とする島嶼や海域の領有主張を強めるために、まず国内法を変えて、その主張に合法性を与えるような措置をとります。そのうえでこんどは国際法を中国独自の異様な方法で解釈し、『合法性』を強めようとするのです。

そして第三はそれら管轄権を実際に物理的な方法で強化していくことです」

中国はつまり特定の島や海域をまず国内法で領土、領海扱いして、それから国際法を勝手に解釈し、その領有の主張に法的根拠の装いを与え、最後にその権利を物理的手段で執行していく、というのである。

これぞまさに唯我独尊のアナクロニズム、大中華思想だといえよう。まさに「言ったもの勝ち」だ。こんな方法が通用するならば、紛争の相手とされた諸国はたまらない。

ところで中国の海洋戦略では「第一列島線」と「第二列島線」という用語がよく登場す

る。中国当局が使う、海洋上の一種の防衛ラインの概念とみればよいだろう。

第一列島線は中国本土から南や東へ最大千五百キロほど、台湾、フィリピン、沖縄、九州などをおおまかに結ぶ線である。第二列島線はさらに東南の遠方へ、小笠原諸島やグアム島を結ぶ。

このあたりについてもダットンに問うてみた。

——第一列島線、第二列島線という言葉や概念をどうみますか。

ダットン「中国側にとっては確かに重要な戦略ですが、文字どおりに島と島を結ぶ地理的な概念というよりは、中国側の防衛の規模や程度の区分とみるべきでしょう。第一列島線内では中国の近海を中心に、その海域をすべてコントロールする能力を開発することが戦略目標です。

それより以遠の第二列島線内では、コントロールを競いあう能力の開発が目標となります。しかし中国は、さらに第二列島線を越えてインド洋や地中海への進出も意図しています。ソマリア沖の海賊対策やリビアからの中国人救出はその一端でしょう。

とにかく第一とか第二という表現を、単に地理的な区分だと考えるのはまちがいです。中国軍が戦力構成や能力構成を進めるうえでの区分なのですから」

次にもう一人の専門家に登場を願おう。ワシントンでいま最も頻繁に発言を求められる中国専門家のダニエル・ブルーメンソールは、より直截な表現でこう述べる。

「アメリカや日本は海洋に関する慣習法としての国際法を順守し、航行の自由や海洋貿易、公共財の自由を尊重して、海洋紛争の解決には平和的手段であたることを誓約しています。一方、中国は同じ関連の国際法を他の諸国と同様には解釈せず、紛争の平和的解決策の保持も不確実です。中国の主張する平和的解決とは、中国の要求に沿った結果への威嚇をともなった決着だともいえます」

ブルーメンソールはジョージ・W・ブッシュ政権で国防総省中国担当の上級部長を務めた。現在は大手シンクタンクの「アメリカン・エンタープライズ・インスティテュート（AEI）」の中国専門の研究員である。議会の政策諮問機関の米中経済安保調査委員会の委員でもあり、議会やメディアに登場し、中国問題に関し証言や意見を発信することしきりの気鋭の論客である。法律を学んでまず弁護士になり、そのうえで中国の軍事研究へと進んできた。

AEIのオフィスでインタビューした際、彼は中国の南シナ海や東シナ海での海洋戦略の動因については、ダットンとやや重点の異なる分析を語った。

「第一の目標は台湾への攻撃、あるいは屈服させることを可能にしておくことでしょう。そのためには台湾海峡を制圧し、封鎖する能力の保持が必要です。この台湾の制圧のためには台湾の地理を考えると、中国の艦艇は東シナ海と南シナ海での作戦活動が必要であり、従来よりも沿岸から遠く離れた地点まで、活動自由な広い水域を求めることになります。

第二には、中国は東シナ海、南シナ海両方の域内で、他国と主張がぶつかる領有権問題をいくつも抱えており、自国の主張の実現のために、軍事力の増強が必要だと考えているのでしょう。

ダニエル・ブルーメンソール
(Dan Blumenthal)

第三には、中国軍部はとくに南シナ海について、その域内からさらにインド洋に向け、場合によっては太平洋に向かって、パワー・プロジェクション（遠隔地への兵力投入）を可能にする拠点を築く野望を抱いているようにみえます」

ブルーメンソールが指摘する〝中国の野望〟、それはつまり中国自身が頻繁に口にする「核心的利益」の確保ではないか。そこも聞いた。彼の答えは次のようだった。

「中国側の指導者たちが『南シナ海は核心的利益だ』というときは、その海洋主張、つまり水域の表面の諸島領有と水中、海底の自然資源独占を意味します。端的にいえば、南シナ海すべてが中国の領海に等しいという主張になるわけです」

ではこうした国際的にきわめて異質の中国の海洋戦略が、現実にどんな具体的措置を生んでいくのか。他国の主張や国際規範とどのようにぶつかりあっていくのか。

まず考えるべきは中国の海軍力の大幅増強だろう。国際規範を無視する野心的な膨張を可能にするのは、まず軍事力だからだ。

ブルーメンソールが続ける。

「中国の海洋戦略の展開と海軍力の近代化とは、きわめてわかりやすい相関関係を持っています。まず顕著な実例としては、アメリカ側の海洋での航行の自由を抑えたいという中国側の願望が、潜水艦や対艦巡航ミサイルの増強を生んでいます。

次の段階の戦略として、中国側では海洋の一定水域を実際に支配する能力の増強がいま進んでいるわけですが、その結果として航空母艦や駆逐艦、補給艦の新配備が展開されるのです。兵器の購入と戦略の変化が、海洋戦略の目標と整合しているわけです」

永遠の摩擦が続いていく

ダットンも「中国が明らかに海洋戦略に沿って海軍近代化を重点的に進めた具体的領域」として三点をあげた。

「第一は制海権を広げるためのミサイル・システムの強化です。第二は水上艦艇、第三は潜水艦と、それぞれの性能の向上です。艦艇の性能が高まれば、搭載のミサイルが陸上からより遠い海域、つまり標的に近い位置に運ばれ、より強い威力を発揮するわけです。

水上艦艇で私が最も注視するのは、０２２型というミサイル搭載の高速艇です。このミサイルは紅稗(ホウベイ)型とも呼ばれます。０２２型ミサイル艇は高速の移動が自由で、反撃が難しく、きわめて危険です」

ダットンは空母についても語った。

「中国は空母をまず近海の制海強化に使うでしょう。艦載機の空対地ミサイルが、中国軍のミサイル戦力全体射程距離を大幅に長くします。この空母と０２２型ミサイル艇の組み合わせはアメリカでも日本でも、中国がその地域から排除しようとしている相手国の艦隊へのミサイルの威力を大幅に増すでしょう」

この点、中国海軍がいまやウクライナから購入した空母「遼寧」の実戦配備を終え、二〇一七年四月にはさらに国産の新航空母艦を完成させたことは象徴的だといえる。

――では中国の南シナ海戦略における潜水艦の役割はどうなのでしょうか。

ダットン「中国の攻撃型通常動力潜水艦はなかなかの性能です。ただしこれらディーゼル潜水艦は航続距離がそれほど長くはない。中国の海岸からあまり遠くには行けない。せいぜい近海か第二列島線内部まででしょう。しかし制海権を中国の海岸からより遠くへと広げる能力は持っているわけです」

ではこんな異質な海洋戦略を持つ中国と領有権を争い、利害が衝突する周辺諸国はどう対応すべきなのか。

この点、ダットンは「永遠の摩擦」という表現で険しい展望を語った。

「中国は海洋戦略では、勝つか負けるかという姿勢を崩さず、同じ地域の他の諸国の長年の利害を認めようとしない。他国との協調や妥協を一切、考えない。このままでは中国の海洋戦略をめぐって『永遠の摩擦』が続くことになります。

紛争がたとえ中国の要求どおりに解決されても、他の諸国の利益は犠牲になるのだから、それら諸国の不満が続きます。そしてより大きな対立や摩擦が起きる。中国がいまの戦略を変えない限り、『永遠の摩擦』システムが存在するのです」

ダットンはさらに、中国の過去の歴史の版図を現代に過剰適用するという傾向は、他の諸国にも同様の「歴史利用」の風潮を生み、いまの国際秩序が大きな危険にさらされるという点を強調した。

ブルーメンソールも厳しい総括を述べた。

「中国は慣習的な国際法への修正主義的な解釈をとり、結果として国際合意に背を向けています。たとえばEEZ（排他的経済水域）の内部での合法的活動の定義など、大多数の国は国際法を完全に順守しているのに、中国は無視です。やはり中国は海洋に限らず、現在の国際秩序に基本的な不満があるということでしょう」

中国はいまの国際的な秩序もルールも、根本から変えたいという野望がある、という示唆である。こうした点で、ダットンは中国への強い要望を表明した。

「中国の海洋に関する戦力構築や国際法への姿勢をみると、自国の周辺地域での戦略目標の達成だけを考え、その姿勢のグローバルな意味を考慮していないことが明白です。自国の目前の利益だけを追い、国際法の順守やグローバルな安定を考えていない。

中国はこれでは国際秩序を常に乱すことになります。国際社会への真の参加者となっていない。アメリカも日本も中国がグローバルな姿勢へと変わることを求め続けるべきです。しかし中国自身が変わることを決めねばならない。中国の台頭や拡張が平和的だというのならば、まず海洋での国際ルール順守を履行すべきです」

繰り返す。中国の危険な海洋戦略は南シナ海で始まった。日本にとっての最大の懸念である東シナ海の尖閣諸島への中国の攻勢を読むうえでも、中国の南シナ海戦略の実態を知っておく必要がある。

第四章
中国の日米分断作戦

アメリカでの「日本悪魔化計画」の危険

中国の長期の戦略目標の一つは、日本とアメリカとの分断であり、日米同盟の弱体化である。同時にアメリカを東アジアから追い払うことでもある。

その長期戦略のため、中国は当面の戦術として「日本を国際舞台で悪者に描く」という工作を試みている。同時に、アメリカ国内でも日本を悪者にしようと「歴史認識」問題を利用してきた。

いずれも日本を悪者にすることで、アメリカが日本に批判、非難、そして可能ならば憎悪や敵意を抱くことを狙うのだ。その究極の目的は日本をアメリカから引き離すことである。

この種の中国の国際的な工作が露骨に行われた時期は何度もあるが、その一つとして二〇一五年の実例を報告しよう。

国連の軍縮委員会で二〇一五年十月二十日、中国の傅聡(ふそう)大使は「日本が実は核武装を意図している」と非難した。

「日本は自国内の原子力発電所での使用済み核燃料からプルトニウムを抽出しています。

それを使って、もう千三百五十発もの核弾頭を短期間に製造できる状況にあります！」
千三百五十などという具体的な数字は、一体どこから出てくるのだろうか。日本に核武装の意図があるなど、荒唐無稽で現実を無視する発言であることは、ごくふつうの日本人ならすぐにわかる。日本では核武装の論議すらできないのが現実なのだから。

傅はその二日後にも同じ国連の場で、旧日本軍の化学兵器問題を取り上げ、「日本は人類史上でも最も野蛮で残虐な行為を働いた」と糾弾した。過去の悪事を指摘して日本の印象を悪くしたうえで、現在の平和主義の日本までを「彼らの本質は全く変わっていない」といって邪悪な存在であると印象づける。まさにプロパガンダというほかない。

このように日本を極悪人扱いする近年の中国の言動は、欧米の識者たちから「日本の悪魔化（demonization）」と評されるようになった。特に習近平主席の下、中国が国家戦略として日本を邪悪で危険な存在として宣伝していることが指摘され始めたのである。

代表的なのは、イギリスの大手雑誌『エコノミスト』二〇一五年八月二十一日号の「習の歴史の教え」と題する巻頭の社説記事だ。

記事は中国の〝工作〟をはっきりと日本を悪魔に仕立てる「悪魔化」と呼んだ。「悪魔化の危険」として同記事は、中国が日本を「いまも中国やアジアへの侵略を企図する軍国主義的国家のように悪魔化している」と指摘していた。日本をそんな手法で国際的に貶(おとし)めようとするのが「日本悪魔化」戦略だと断じたのだ。

同記事はこうも述べている。

「中国の外交官は安倍晋三首相を『ハリー・ポッター』の悪の魔法使い、ヴォルデモート卿の現代版だとまで示唆した」

これは二〇一四年一月、イギリス駐在の中国の劉暁明(りゅうぎょうめい)大使がイギリス大手新聞へ寄稿した文章を指す。これを引いたうえで、同記事は中国側をはっきりと批判する。

「中国が現代の日本を悪魔化することは不当かつ危険である。自国民の反日感情をあおりすぎると、反米感情までをも高め、対米衝突を招く危険がある。いまの日本は平和主義に徹し、高齢化が進み、核兵器を忌避する民主主義国家なのだ」

さらに記事は「日本に歴史の直視などを説く中国こそ歴史をねじ曲げて、自国のアジア制覇の野望の推進に利用している」と批判。まさに真実を鋭く指摘している。

この号のエコノミスト誌は、ライフルとペンが一緒になった銃を抱える習近平の合成写真が表紙を飾っていた。さらに「中国はいかに将来の支配のために過去を修正するか」という脇見出しが掲載されている。二〇一五年九月三日の中国主催の天安門での「抗日戦争勝利70周年記念」の式典を事前に批判する記事でもあった。

中国共産党政権が日本をことさら悪と断じ、その善や和の特徴をあえて無視する実態――。私自身も一九九八年秋から二年余り、産経新聞中国総局長として北京に駐在した時期から、いやというほど体験してきた。

中国の小中高校用の歴史教科書は、日本について戦時の「残虐行為」だけを誇張して教え、戦後の平和主義、民主主義の特徴は何も教えない。日本が賠償の意味をもこめて中国に供与した巨額の政府開発援助（ＯＤＡ）など、戦後の対中友好外交についても一切、教えないのだ。

当時、中国の官営メディアは抗日戦争での日本軍の「侵略と虐殺」の歴史を繰り返し報じていた。テレビドラマでも同様に悪逆非道の日本人ばかりが登場する。この反日宣伝の実例は拙著の『日中再考』（産経新聞ニュースサービス）などで詳述したが、二〇〇〇年当時、私が産経新聞で報じた内容の一部を紹介しよう。

〈中学生用の教科書「中国歴史」は中国近代の歴史は一九九〇年代にいたるまで詳述し、他の主要諸国の歴史には触れていても、日本の戦後の動きについての記述はまったくない。

戦後の日中友好や日本の平和主義はもちろん教えない〉
〈高校生用の「中国近代現代史」でも中国の戦後は詳述しながらも、戦後の日本への言及は「一九七二年、日本の田中角栄首相が訪中し、中日国交正常化の合意に調印した」という文字どおり二行だけだった〉
〈中学生用の「世界歴史」では半ページほどの「日本の復興」という短い一節で戦後の日本のアメリカによる占領や東京裁判、初期の経済復興に簡単に触れ、あとは「日本は社会主義陣営に対抗するアメリカの後方基地となった」という記述だけだった〉

「100年マラソン」でアメリカに勝つ

この中国の「日本悪魔化」戦略は、アメリカでもエコノミスト誌より早くから、中国軍事研究の最高権威によって指摘されていた。一九七〇年代のニクソン政権時代から一貫して、国防総省の高官として中国の軍事動向を研究してきたマイケル・ピルズベリーだ。

ピルズベリーは二〇一五年二月刊行の自著『100年のマラソン＝アメリカに代わりグローバル超大国になろうとする中国の秘密戦略』（日本語版の書名は『China2049』

日経ＢＰ社）で日本悪魔化戦略を明らかにしている。

ピルズベリーは中国語に堪能で、中国側の共産党や人民解放軍の軍事戦略関連文書を読みこなす。その一方、中国軍首脳との親密な交流を保ってきた。その彼が、この本で「アメリカ歴代政権の対中関与政策はまちがっていた」と断じているのだ。

〈中国を豊かに強くすれば、やがて国際社会への健全な一員となるというアメリカ側の期待に反し、中国側は当初から建国の一九四九年からの１００年の長期努力でアメリカを圧することを狙ってきた。中国のその世界覇権への長期の闘争を中国自身が『１００年のマラソン』と呼ぶのだ〉

ピルズベリーは、アメリカを凌駕（りょうが）する中国の長期戦略中でとくに重要なのが「現在の日本は、戦前の軍国主義の復活を真剣に意図する危険な存在だ」とする「日本悪魔化工作」なのだと明言している。

日本の悪魔的イメージを国際的、さらに日本国内にも投射して日本を衰退させ、日米同盟の骨抜きにつなげる。さらにその一方、「軍国主義の日本との闘争」を中国共産党の一党独裁による永遠統治の正当性ともする狙いなのだという。

ピルズベリーはさらに「日本悪魔化工作」の例証を挙げる。

〈習近平が愛読する書『中国の夢』（劉明福人民解放軍大佐著）は「日本は常に中国を敵視するから中国が軍事的に日本と戦い、屈服させることが対米闘争でもきわめて有効だ」と強調する〉

マイケル・ピルズベリー
(Michael Pillsbury)

〈清華大学の劉江永教授は最近の論文で「日本の首相の靖国神社参拝は中国への再度の軍事侵略への精神的国家総動員のためだ」と断言していた〉

〈李鵬元首相に近い学者の何新・社会科学院研究員は一連の論文で「日本は中国の植民地化を一貫した国策とし、今後もそのために中国を分割し、孤立させようとする」と警告した〉

〈多数の中国の軍人たちが「日本は中国攻撃のための軍事能力を整備しており、日本の宇宙ロケット打ち上げはすべて弾道ミサイル開発のため、プルトニウム保有は核兵器製造の

ためだ」と主張する〉

ピルズベリーによれば、これらの主張はほぼすべて事実に反するが、中国首脳部はかなり影響を受けているという。日本はこの中国の「悪魔化」プロパガンダに対して常にその害悪を意識して正面から反撃し、論争を挑むことが不可欠だろう。

中国のこの種の日本に対する「悪魔化」キャンペーンの基本的な構造については、アメリカの大手新聞ウォールストリート・ジャーナルも、二〇一五年六月十七日付の分析記事で詳しく伝えていた。

見出しは「中国の教科書の偽善」。副題は、「東アジアでは日本が歴史修正主義を志向する唯一の国ではない」だ。中国は日本の教科書の内容を厳しく批判するのに、自国の歴史教科書では重要な史実を無視し、ことさら愛国と反日を煽っているとの報告だった。また、そんな試みの基盤には、長期戦略としての反日政策が存在する、と指摘する。

さらに記事は中国の歴史教科書の内容の偏りを「偽善」と断じ、その特徴についてこう述べる。

〈中国は日本が教科書での南京虐殺や慰安婦問題についての記述を薄めたりすると、「正しい歴史を曲げ、ウソを広げる」などと激しく非難するが、自国の教科書では過去の重要な歴史事実を愛国主義教育やナショナリズム扇動のために大きくゆがめている〉

〈中国の歴史教科書は第二次大戦のグローバルな実態を無視して、中国が日本と戦ったという一九三一年から一九四五年までの「抗日戦争」という一章だけですべてすませている〉

〈抗日戦争については「日本軍は中国の女性や子供を無慈悲に虐殺し、人間ではなく非道な獣となった」というような記述ばかりだが、日本の国民や社会への言及は皆無、日本の国としての歴史もほとんど教えていない〉

〈中国共産党の失敗には触れず、四千万人もの餓死者を出したとされる「大躍進」を無視し、「文化大革命」も単に毛沢東主席の江青(こうせい)夫人らの権力闘争の結果であり、共産党には非はなかったと説明されている〉

〈中国の教科書は全体として、中国の歴史上の「被害」と共産党の「美化」の教えに徹している。この方針は一九九〇年代の江沢民政権時代に強められ、国民のナショナリズム高揚と共産党の統治の正当性の強調を、基本目的としている〉

〈中国のこの偏向した歴史教育の最も顕著な結果は、中国国民の日本に対する敵意であり、

さらに排外的な感情をも煽り、中国のアジアでの膨張的な対外政策への国民の支持を高めさせることともなる〉

ウォールストリート・ジャーナルのこの記事は、アメリカ側の専門家だけでなく、中国側の一部の学者らの考察を引きながら、中国の歴史教育の実態を批判的に取り上げるものだった。それは先に私が産経新聞の報道で伝えた内容と合致すると言っていいだろう。

その最大の目的はやはり「抗日」、つまり反日教育だ。要するに日本については戦争中の日本側の残虐行為を誇張して伝えるだけで、戦後の日本の国民や国家については何も教えない傾向である。

つまり中国の教科書は日本について、日清戦争から日本の敗戦まで五十一年分は一貫して「侵略」と「残虐」だけを分厚く教えるのに対し、戦後の日本が平和と友好に努めた七十年分の紹介はゼロに等しい。

中国のこうした対日姿勢からすれば、二〇一五年の安倍晋三首相の終戦七十年談話に対し、中国当局と中国国民がもっぱら「侵略戦争への謝罪」だけを求めるというのも自然だということになるだろう。

中国のこうした反日の国是こそが、「日本の悪魔化」なのだ。日本の現実を無視して、過去も現在も世界の悪者として描く、政治プロパガンダなのである。そして最も重要なのは、中国の真の意図は日本を世界で孤立させ、同盟国のアメリカからも引きはがそうとする狙いがある、という実態である。

歴史の倒錯的悪用

中国のぎらぎらした反日の意図が、露骨に世界に発信されたのが、二〇一五年九月三日に行われた「抗日戦争勝利式典」だった。中国共産党政権が北京の天安門にいわゆる東側の首脳を多数招き、催した「抗日戦争・世界反ファシズム戦争勝利70周年」記念式典だ。

この式典は、ファシズムの軍国主義・日本に対して反ファシズム勢力の代表たる中国共産党が中心になって、勇敢な戦闘を挑み、撃滅した偉業を祝おうという〝物語〟が前提となっていた。

だがこの主張は文字どおり〝物語〟、虚構にすぎない。そもそも中国大陸で日本軍と戦闘を行ったのは、一貫して国民党軍が主体だった。共産党軍が日本軍と正面から戦ったことなど、ほとんどなかったのだ。

日本をファシズムと断じ、自分たちがいかにも民主主義勢力であるかのごとく気取る——。何より、戦後から現在にいたる日本のあり方を無視して、いきなり「ファシズム」という過去のレッテルを活用しようとする乱暴な態度に、日本のみならず世界が驚いた。なにより、中国こそが民主主義からはほど遠い一党独裁体制、個人の自由抑圧のシステムなのだ。

中国のこうした態度に対し、アメリカ側から辛辣（しんらつ）な非難の声があがった。「抗日戦争勝利」記念の式典と軍事パレードは、歴史の極端なねじ曲げと日本への不当な糾弾が主体であり、アメリカなどの諸国はその不公正に抗議すべきだ——こんな意見が式典直前、アメリカ政府の元高官から発信されたのである。

ワシントンで読まれる外交問題雑誌「ザ・ディプロマット」二〇一五年八月三十一日号に掲載された、アジア安全保障問題研究機関「プロジェクト２０４９」の会長ランディ・シュライバーの「中国は自国自身の歴史問題を抱えている」と題する論文だった。

「中国の歴史の扱いも精査されるべきだ」という見出しで始まる同論文は、中国共産党政権が九月三日に開催する「抗日戦争・世界反ファシズム戦争勝利70周年」記念式典について「中国のプロパガンダ装置のフル回転であり、中国の勝利に関する経緯の正確な描写が欠けていることは私たちへの侮辱であり、反対すべきだ。中国による歴史のねじ曲げが許容されてはならない」と主張した。

筆者のシュライバーは東アジア、とくに中国の安全保障の専門家として、クリントン政権下で国防総省中国部長、ブッシュ政権では国務次官補代理（東アジア・太平洋担当）を務めた。

ランディ・シュライバー
(Randy Schriver)

シュライバー論文はさらにこう述べる。

〈アジアの歴史認識については日本の態度だけが問題にされるが、政治目的のために歴史を歪曲し、修正し、抹殺までしてしまう最悪の犯罪者は中国自身である。中国共産党は一九三一年から四五年までの歴史を語るのは熱心だが、一九四九年から現在までの歴史はまず率直には語らない〉

〈戦後のこの期間に大躍進、文化大革命、天安門事件など中国共産党の独裁の専横により不必要に命を奪われた中国人の数は、太平洋戦争中に日本側に殺された数よりもずっと多いのだ。北京の中国国家博物館は大躍進などの人民の悲劇をまったく表示していない。だが日本の靖国神社の遊就館に対するような、国際的な批判は何も起きないのだ〉
〈中国共産党はいま、日本の過去の最悪部分に光を当てる一方、日本の戦後七十年のアジア・太平洋での平和的貢献の歴史を無視することに全力をあげている。中国当局は二〇一四年だけでも、日本の過去の侵略を糾弾するための新たな国家休日を二日も設けた。日本の過去をののしることに全力をあげて、どうして日本との和解ができようか〉

シュライバーは以上のように述べたうえで、戦後日本の中国への巨額ＯＤＡ（政府開発援助）の供与や経済投資の実態を報告。そのうえで、日本が中国や韓国を除くアジアでは最も好かれる国となったとする、イギリスの公共放送ＢＢＣなどの世論調査結果を引き、「中国国内では、戦後日本のこうした実績をまったく知らせていない」と批判する。

そして「中国の子供たちも、教科書では戦後の日本の前向きな行動についてまったく教わらず、戦争での日本の残虐行為ばかりを教わるために、自然と反日感情を増していく」と説くのだった。

カにも大きな悪影響を与える、とも主張する。

シュライバーは中国のこうした態度を「歴史の倒錯的悪用」と呼び、その現状がアメリカにも大きな悪影響を与える、とも主張する。

習近平主席らは、中国共産党の歴史の扱いを少しでも批判する側をすべて「歴史的ニヒリズム（虚無主義）」と断じ、中国側の歴史解釈をそのまま受け入れない限り、協調的な米中二国間関係は築けないと宣言しているからだという。

シュライバーは「勝利式典」についての考察の末尾で、次のような要旨を主張していた。

〈アメリカの政府や関係者たちはこの式典やパレードを単なる見世物として放置せずに、アメリカの同盟国、友邦、そしてアメリカ自体に対する政治戦争として位置づけ、注意を喚起すべきだ〉

〈私たちアメリカの同盟国の日本は、はるか昔に起きた出来事だけを標的とされ、近年七十年間の前向きな国際貢献への評価を完全に否定されている〉

〈私たちの友邦であり安保上のパートナーの台湾は、戦争での実際の役割への評価を中国に奪われている。戦時中、日本軍との戦いの結果の中国側死傷者の九〇％は中華民国側だった。人民解放軍は日本軍との戦闘をほとんどしなかった〉

〈アメリカはとくに今回の軍事パレードで誇示される、中国人民解放軍の実態を警戒しなければならない。その軍事力は将来、アメリカに対しての脅威となる潜在性が十分にあるからだ〉

シュライバーはこの論文の結びとして、欧米の歴史学者たち百人以上（その人数は後に増加）が安倍晋三首相あてに「アジアでの第二次世界大戦の正確で公正な歴史」の認識を求める書簡を送ったことに触れ、「歴史の正確さを求める基準は、中国の歴史認識に対しても同様に適用されるべきだ」と強調する。

欧米の学者たちに対して、なぜ中国の歴史認識の虚構や欠陥を批判しないのか、という痛烈なメッセージだ。中国は日本を「歴史修正主義」などと批判するが、「どの口が言う」としか言いようがないだろう。

日米分断工作で同盟を骨抜きにする

中国の日米分断作戦は、この種の政治・歴史プロパガンダだけに留まらない。日米安保協力、日米同盟そのものを弱体化するための実効性を持つ活動をも進めている。

二〇一六年一月、米外交誌「フォーリン・ポリシー」に、ランド研究所の専門家二人へのインタビューとして、「尖閣有事になれば、日本は五日で中国軍に負ける」というシミュレーションが出たが、これが実は中国の工作であり、アメリカを尖閣に関わらせないようにするための日米分断の世論戦だった、という指摘が他の専門家たちからなされた。

さらに中国は、尖閣問題について「あんな岩のためにアメリカの若い軍人が死ぬ必要があるのか」と疑問を投げかけるプロパガンダをアメリカ国内で繰り返してきた。

中国の日米同盟弱体化工作は、日本国内にもその手が伸びている。顕著なのが沖縄への多面的な工作だ。じつにショッキングな警告が、アメリカ議会の有力な政策諮問機関である「米中経済安保調査委員会」から発せられている。「中国が沖縄を舞台とする日米分断工作を進めている」「中国が米軍基地反対運動をあおり、米軍へのスパイ活動を展開している」――二〇一六年三月に公開された報告書の内容だ。

この委員会は二〇〇〇年に新たな法律により、「米中両国間の経済と貿易の関係がアメリカの国家安全保障にどう影響するかを調査して、議会と政府に政策上の勧告をする」ことを目的に常設された。

議会の上下両院の有力議員たちが選ぶ十二人の委員（コミッショナー）が主体となり、米中関係を背景に中国側の軍事や外交の実態を調査する。各委員は中国の軍事、経済、外交などに詳しい専門家のほか、諜報活動や安保政策の研究者、実務家が主になる。最近まで政府や軍の枢要部に就いていた元官僚や元軍人、さらには上下両院で長年、活躍してきた元議員たちも委員を務め、事務局も中国に対する知識豊富なスタッフで固められている。

そしてその時々の実際の中国の動き、米中関係の変動に合わせて、テーマをしぼり、さらなる専門家を証人として招いて、公聴会を開催。委員会は毎年、その活動成果をまとめて、年次報告書を発表し、最終的にはアメリカの政府と議会に対中政策に関する提言をするわけだ。

そんな米中経済安保調査委員会が提出した、「アジア太平洋での米軍の前方展開を抑える中国の試み」と題する合計十六ページの報告書の内容を紹介しよう。

まず沖縄に対する工作の前提となる、中国の全体的な戦略について、報告書はこう述べる。

〈中国は東アジア、西太平洋地域でもし軍事衝突が起きた場合の、中国人民解放軍の米軍に対する脆弱性を減らすために、その種の衝突へのアメリカ側の軍事対応を抑える、あるいは遅らせるための『接近阻止』または『領域否定』の能力を構築することを継続している。

中国側は同時に軍事衝突が起きる前の非軍事的選択肢を含むその他の措置も推進している。それらの措置とはアメリカ側の戦略的な地位、行動の自由、作戦の余地を侵食することを意図する試みである〉

中国はアジアでの米軍の軍事能力を削ぐことに最大の努力を傾けている。なぜ中国はそれほど必死になるのか。その点について同報告書はこう述べる。

〈中国人民解放軍幹部が軍科学院の刊行物などに発表した論文類は、中国がアジア、西太平洋で『歴史上の正当な傑出した立場』に戻るためには、アメリカがアジアの同盟諸国とともに、有事に中国の軍事能力を抑えこもうとする態勢を崩す必要がある、と主張している〉

ここでいう中国にとっての「歴史上の正当な傑出した立場」とは、明らかに「屈辱の世紀」前の清朝以前の中華帝国王朝時代のグローバルな威勢を指すのだろう。その過去の栄光の復活というわけだ。この概念は習近平が唱える「中国の夢」や「中華民族の偉大な復興」という政治標語とも一致している。

「平和的台頭」という、表面は穏やかなスローガンの背後には、いまの中華人民共和国を過去の王朝時代のような世界帝国に復活させようとする、ギラギラした野望が存在している、とアメリカ側専門家の報告書はみているのである。

この「野望」は最近、南シナ海での中国の海洋覇権追求に関して国際仲裁裁判所が「根拠なし」と裁定した「九段線」の主張にも含まれている。

「南シナ海は古代から九段線の区画により歴史的に中国の領海だった」という時代錯誤の中国政府の主張は、「歴史上の正当な傑出した立場」の反映だ。だがその主張に、現在の国際社会における正当性はない。

しかし中国側からすれば、その「正当な傑出した立場」の構築や達成にはアメリカ、とくにアジア駐留の前方展開の米軍の存在が最大の障害となる。この点の中国側の軍事的な認識を同報告書はこう総括する。

〈中国軍幹部たちは、アメリカが中国の正当な進出を阻もうとして、その〝中国封じ込め〟のためにアジアの北地域では日本と韓国、南地域ではオーストラリアとフィリピンを拠点とする軍事基地システムを築き、グアム島をその中核とし、中国深部を長距離の戦略兵器で攻撃ができるようにしている、とみている〉

だからこそ中国にとって、アメリカがアジアで構築してきた一連の同盟関係と、その軍事態勢は有事、平時を問わず、敵視や反発の主対象となるわけである。

同報告書は中国側のそのアジアでの米軍の能力を弱めるための対米、反米そして対アメリカ同盟諸国への非軍事的手段の基本的な特徴について、以下のように解説する。

〈中国人民解放軍の最高幹部たちは各種の論文で『戦争は単に軍事力の競合ではなく、政治、経済、外交、文化などを含めての総合的な競い合いだ』と繰り返し主張している。つまり政治、経済、外交、文化などの非軍事的要因が軍事作戦を直接、間接に支えなければ勝利は得られない、という考え方なのだ。

だから米軍のアジアでの中国のかかわる紛争への介入を阻むためには、単に軍事力だけでなく、アメリカの政治システムや同盟相手の諸国の対米依存や対米信頼を弱めるための外交、情報、経済などのテコが必要となる。その種のテコには、貿易協定や友好外交などから賄賂的な経済利権の付与も含まれてくる〉

つまりは非常に広範かつ多様な手段による米軍の能力削減、そして同盟の骨抜きという意図なのである。

米軍の能力を削り取る戦術

その米軍能力の削減のための工作とは、必ずしも軍事手段に限らない。非軍事的な措置として報告書は三つの方法を挙げている。

・関与

・威圧
・同盟の分断

この三種の中国側の戦術はみな、アジアでの米軍の弱体化、同時に中国軍の強化を狙いとしている。その戦術の標的はアメリカのみならず、日本などその同盟諸国に対し、より鋭く照準が絞られ、沖縄に対する中国の工作はその中の「同盟分断」の戦術に含まれている。

まず「関与」と「威圧」について報告書の概略を紹介しておこう。

・関与
〈中国はタイやパキスタンとの経済協力を深め、軍事協力へと発展させ、中国海軍の現地での港湾使用などで、米軍に対する軍事能力を高めている。

中国はまたオーストラリアやタイとの合同軍事演習を実施して、両国のアメリカとの安全保障協力を複雑にする。韓国との経済のきずなを強めて、安保面でも韓国のアメリカとの密着を緩める〉

・威圧

〈中国はフィリピンとのスカボロー環礁での衝突の際、フィリピン産バナナの輸入を規制した。日本との尖閣諸島近海での衝突の際はレアアース（希土類）の対日輸出を規制した。いずれも経済的懲罰という威圧行動だった。

中国は尖閣付近では海警の艦艇の背後に海軍艦艇を配備し、軍事力行使の威圧をかける。ベトナムの排他的経済水域（EEZ）での一方的な石油掘削作業でも軍事的な威圧をかけた。この種の威圧はいずれも米軍の抑止力を減らす意図を持つ〉

そして「同盟分断」については主要項目として「沖縄」が名指しされている。注目されるのは、同じ「同盟分断」の章でアメリカの同盟諸国の国名をあげて、国別の実態を報告しているのに対し、日本の場合は、日本という国名ではなく「沖縄」という地域名を特記している点だ。

〈中国は日本を日米同盟から離反させ、中国に譲歩させるための戦術として経済的威圧を試みたが、ほとんど成功しなかった。日本へのレアアースの輸出禁止や中国市場での日本製品ボイコットなどは効果をあげず、日本は尖閣諸島問題でも譲歩をせず、逆に他のアジア諸国との安保協力を強め、アメリカからは尖閣防衛への支援の言明を得た〉

中国はだから、沖縄への工作に対日戦術の重点をおくようになったというわけだ。

〈中国軍部はとくに沖縄駐留の米軍が有する遠隔地への兵力投入能力を深刻に懸念しており、その弱体化を多角的な方法で図っている〉

沖縄には周知のように、米海兵隊の精鋭が駐留している。第三海兵遠征軍と呼ばれる部隊は海兵空陸機動部隊とも称され、空と海の両方から遠隔地での紛争や危機に対応し、展開できる。多様な軍事作戦任務や地域の安全保障協力活動が可能であり、有事や緊急事態の際に、スピーディーに出動できる。

海兵隊は米軍全体でも最も実践的な、遠征即応部隊としての自立作戦能力を備えているといわれる。中国側からすれば大きな脅威だ。だからその戦力、能力をあらゆる手段を使って削ぐことが、中国にとっての重要な戦略目標となる。

同報告書は次のようにも述べる。

〈中国は沖縄米軍の弱体化の一環として特定の機関や投資家を使い、沖縄の米軍基地の近くに不動産を購入している〉


報告書は中国側による沖縄の不動産購入について、脚注で次のように述べていた。

〈中国の工作員が米軍基地近くに米軍関係者居住用のビルを買い、管理して、管理者用のカギで米軍関係者宅に侵入し、軍事機密を盗もうとしている〉


アメリカの政府や議会の報告書で、米側独自の秘密情報を公開することはまずないが、一般のマスコミ情報の引用や確認という形で、同種の情報を出すことはよくある。これも日本側の一部報道を引用したものであるが、いわば日本の報道に米側がお墨付きを与えたような格好だ。

報告書はさらにこう続く。

〈中国は沖縄に、米軍の軍事情報を集めるための中国軍の諜報工作員と、日本側の米軍基地反対運動をあおるための政治工作員を送りこみ、日米両国の離反を企図している〉

〈沖縄での中国の諜報工作員たちは米軍基地を常時ひそかに監視して、米軍の軍事活動の詳細をモニターする他、米軍と自衛隊との連携の実態をも調べている〉

〈中国の政治工作員は沖縄住民の米軍基地に対する不満や怒りを扇動することに努める。そのために中国側関係者が沖縄の米軍基地反対の集会やデモに実際に参加することもよくある。

その結果、沖縄住民の反米感情をあおり、日米同盟への懐疑を強め、日米間の安保協力をこじれさせることを企図している〉

同報告書は中国側の沖縄でのこうした動きを、はっきり「スパイ活動（Espionage）」や「扇動（Agitation）」と呼び、そうした行動が将来も続けられるとの見通しを明言する。具体的な情報こそ示されないものの、明らかにアメリカ当局独自の事実関係把握に基づく報告であり、警告だといえる。

「沖縄は中国領だ」

加えて同報告書は、中国側の沖縄領有権の主張や、沖縄内部での独立運動についても衝撃的な指摘をしている。要するに中国は、自国の主権は尖閣諸島だけでなく、沖縄全体に及ぶと主張し、その領土拡張の野望は沖縄にも向けられている、というのだ。

〈中国はまた沖縄の独立運動を、地元の親中国勢力をあおって支援するだけでなく、中国側工作員自身が運動に参加し、推進している〉

〈中国の学者や軍人たちは『日本は沖縄の主権を有していない』という主張を各種論文などで表明してきた。同時に中国は、日本側の沖縄県の尖閣諸島の施政権をも実際の侵入行動で否定し続けてきた。

この動きも日本側の懸念や不安を増し、沖縄独立運動が勢いを増す効果を発揮する〉

確かに中国政府は、日本の沖縄に対する主権を公式に認めたことがない。中国が沖縄の領有権を有すると中国政府が公式に言明することもないが、中国政府の代表である学者や軍人が、対外的に「沖縄中国領」論を発信している事実は、すでに公然の動きと言っていいだろう。

同報告書はこうした点での中国側の情報操作の実例として、次のような事例にも触れる。

〈中国の官営ニュースメディアは『琉球での二〇〇六年の住民投票では住民の七五％が日本からの独立を望むという結果が出た』という報道を流した。しかし現実にはその種の住民投票は実施されてはいない。沖縄住民の多数派は日本領に留まることを欲している〉

中国側の官営メディアが虚報を流す、プロパガンダ工作の実例である。この虚報の背後にすけてみえるのは、中国がやがては「沖縄も自国領土だ」と宣言するのではないかという暗い展望だ。

米中経済安保調査委員会が明らかにした中国側の野望――。そして沖縄に対する工作の具体的な実例――。中国側の目的はすべて日米同盟にくさびを打ちこみ、日米の離反を図って、米軍の沖縄などでの軍事能力を骨抜きにすることだ。

とくに中国側の領土拡張の狙いが、単に尖閣諸島だけでなく沖縄本島にも及んでいること、さらには中国側がすでに沖縄の内部に工作員を送りこんで、軍事、政治の両面で日米の連携をかき乱しているという警告を、日本も重大に受けとめねばならない。

最後に、中国による日米同盟への揺さぶり工作について、同報告書が、日韓関係についても警鐘を鳴らしている点について紹介しておこう。

中国はアジアでのアメリカのプレゼンスを後退させる戦術の一環として、日本と韓国との対立をもあおっている、というのだ。

日本も韓国もいうまでもなく、ともにアメリカの同盟国である。アメリカを中心に日韓両国が安保面で緊密な連携を保てば、米軍の抑止力はより効果を発揮する。逆に日韓両国が対立し、距離をおいていれば、米軍の効用も減ってしまう。

中国にとっては東アジアでの米軍の能力の減殺という目的の下に、日本と韓国との間の摩擦や対立を広げる戦略をも進めてきた。

〈中国は日韓両国間の対立の原因となっている竹島問題に関して、同島を軍事占領する韓国の立場を支持し、日本側の領有権主張を『日本の危険なナショナリズムの高揚』などと非難してきた〉

〈中国は日韓両国間における、慰安婦問題のような第二次大戦にかかわる歴史認識問題に対して、韓国側の主張を支持し、日本側の態度を非難する形の言動を示して、日韓間の歴史問題の解決を遅らせてきた〉

〈中国は日本の自衛隊の能力向上や役割拡大への韓国側の懸念に同調を示して、韓国側の対日不信をあおり、アメリカが期待するような米韓両国間の安全保障協力の推進を阻もうとしてきた〉

アメリカの議会機関が指摘する中国の日韓離反工作も、中国の沖縄への介入と目的が一致している。

アメリカの政府や議会の関連機関が、日米同盟に関する情報で注意喚起することはこれまでもあったが、沖縄での米軍基地問題に関して、中国の干渉をここまで正面から指摘したことはなかった。アメリカ側としてはそれだけ、沖縄での中国の動きを危険視するにいたったということだろう。

日本側としては日米同盟の堅固な保持を望む限り、その警告を真剣に受けとめざるをえない。日米同盟はこのところ全体として一段と堅固になりながらも、なお沖縄での米軍基地への反対運動は複雑な波紋を広げている。

沖縄の米軍基地の基盤が揺らげば揺らぐほど、平時でも有事でも、日米同盟の効用が減る。日本への侵略や攻撃を未然に抑える抑止力が減ることになるからだ。また朝鮮半島や台湾海峡という東アジアの不安定地域への米軍の出動能力を落とし、中国に対する力の均衡を崩すことにもつながる。

沖縄あるいは日本全体を拠点とする、アメリカの軍事力が弱くなるのを最も歓迎するのは誰か。いまや東アジア、西太平洋の全域でアメリカの軍事的なプレゼンスを後退させようとする中国が、米軍弱体化の最大の受益者であることはあまりにも明白である。

中国による反日、反米のしたたかな謀略活動。日本側としても硬軟両面での、したたかな反撃が欠かせない。

国連機関を利用した日本攻撃

中国の工作はこれだけにとどまらない。中国は国連機関までも利用して、日本の悪魔化や国際的孤立を画策している。

これも二〇一五年十月のことだ。

国連教育科学文化機関（ユネスコ）は中国が申請した「南京大虐殺文書」を世界記憶遺産に登録した。中国政府の「南京大虐殺」に関する年来の誇大宣伝や虚構の主張を含む文書類に、国連機関が認定を与える形となった。

日本にとっては不当きわまる措置だった。中国側が、この登録を日本攻撃の材料として政治的に利用する動機に満ち満ちていたからだ。

日本政府の最終段階での反対にもかかわらず、ユネスコはなぜ歴史的な検証に堪えられない中国側の主張を認めたのか。

ひとつには、日本政府、とくに外務省が、中国が南京事件の自国側資料を記憶遺産に登録させようとする動きへの阻止活動を、タイムリーかつ効果的に行っていなかったことがあげられよう。わが外務省がユネスコという国連機関の特殊性や世界記憶遺産の登録システムの特徴を、十分に把握していなかったのに対し、中国政府はユネスコや、世界記憶遺産について、じつによく理解し、じつにうまく利用したのである。

まず世界記憶遺産について説明しておこう。国連機関であるユネスコが運営し、管理する「遺産」には三種類の制度がある。第一が「世界遺産」制度、第二が「無形文化遺産」

の事業である。「世界遺産」が建築物や景観など有形の文化財の保護や継承を目的としているのに対し、「無形文化遺産」は民族の慣習、芸能、風俗などの無形の財を対象とする。

そして第三が「世界記憶遺産」である。「記憶」というのは原則として過去の貴重な文化の形成に関する古文書や書物など歴史的な記録資料を指す。その種の登録資料をデジタル化などで保存し、広く公開することが事業の主体となる。

ただし、第一の「世界遺産」と第二の「無形文化遺産」がともに国連の条約に基づく保護活動であるのに対し、第三の「世界記憶遺産」は、ユネスコによる単なる選定にすぎない。貴重な記録としての、緩やかな形の保護の対象になるだけである。

しかし条約の支えがなくても「記憶遺産」は国連のユネスコの名称を背負うことになり、シンボリックな意味が強い。保存のために必要な国連資金も出る。

そのため各国の政府は自国が誇る記憶遺産をユネスコに認めさせ、自国の内外へのアピールや宣伝とする。

それまでにも中国は、『黄帝内経（こうていだいけい）』や『本草綱目（ほんぞうこうもく）』、故宮博物院所蔵の清代歴史文書や、雲南省の古代ナシ族が伝えるトンパ文字による古文書など、合計七点をすでに世界記憶遺産として登録していた。

また、他の諸国でもフランスの「人権宣言」、オランダの「アンネの日記」、ドイツの詩人ゲーテ直筆の作品や日記などが登録されており、二〇一五年の時点で全世界では合計二百四十八件の記憶遺産が登録を認められていた。これらと並んで「南京大虐殺文書」が世界記憶遺産になることは、国際的な立場において日本にとって明らかに不利であり、不名誉となる。

すでに広く知られたことではあるが、中国側が「南京大虐殺」と呼ぶ南京事件は一九三七年十二月の日本軍の南京攻略への糾弾である。その際に「日本軍は罪のない中国民間人を三十万人以上、殺した」と主張する。

中国側の非難は年々高まっており、当局者が公式の場で「中国側の非武装の死者は三十五万人」「日本軍は最高司令部からの事前の命令で意図的に大虐殺を実行した」などと言明してはばからない。

しかし国際的な歴史研究、あるいは日本側での調査では、「当時の南京全体の人口が二十万人ほどだった」とか「短期間でのそれほど大規模な殺戮(さつりく)を示す証拠がどこにもない」という反論が出されてきた。中国側の公式の主張はどうみても、客観的な証拠に欠けている。

だがユネスコは、中国の主張どおりの「南京大虐殺」の関連資料に「世界記憶遺産」という国際認知、いわばお墨付きを与えてしまったのだ。

ところが日本が世界記憶遺産でそれまで登録を得たのは、わずか二件だった。日本はそもそも記憶遺産という国連の制度に関心がなかったと言っていいだろう。「遺産」に対する日本での関心は官民ともに「世界遺産」に集中し、多くの人が知るとおり、「世界遺産」には二〇一五年七月に日本の申請した「明治日本の産業革命遺産」なども登録され、日本国内は歓迎にわいた。その一方、「記憶遺産」にはほとんど注意が向けられなかった。

だが中国はこの「記憶遺産」の登録申請に、日本よりずっと熱心な対応を示してきたのである。

じつは中国政府は南京事件の資料を「記憶遺産」に登録申請する方針を早くから公表していた。中国外務省の華春瑩（かしゅんえい）報道官はすでに二〇一四年六月の記者会見で、次のように述べていたのである。

「中国は『記憶遺産』の登録に積極的に取り組んでおり、このほど『南京大虐殺』と『従軍慰安婦』に関する貴重な歴史資料の登録を申請した」

つまり南京事件と慰安婦とを、中国が登録する世界記憶遺産として認めるよう、ユネスコに公式に申請したと発表していたのである。登録が決まる一年半も前に、中国がユネスコを道具にする、記憶遺産登録制度を利用した対日宣伝戦が公然と宣言されていたのだ。しかも新華社通信によれば、中国は二〇〇九年の時点から、南京大虐殺と従軍慰安婦の登録申請のための資料を準備し始めたと報じている。

だが日本の外務省は「世界遺産」への対処をいくらかはとったとはいえ、「記憶遺産」での南京事件の登録を阻もうとした形跡はなかった。

二〇一五年七月、民間団体がユネスコ本部に中国の記憶遺産登録申請に反論する書簡を提出した。日本政府は同年十月の諮問会議が行なわれる直前になってようやく「過去の一時期の負の遺産をいたずらに強調しようとしていることはきわめて遺憾だ」と表明した。登録が決まった後は「政府は関係する分野の専門家などと協力し、委員側に日本の主張を伝えてきた」などとする与党議員のコメントを産経新聞が報じているが、すべては後の祭りだった。

その後も、自民党は政府に対し、ユネスコへの分担金拠出の停止を求める決議文を提出しているが、当然、中国側の登録を撤回できるわけでもなく、負け犬の遠吠えの様相を呈していた。

なぜ日本は、このようなお粗末な態度に甘んじたのか。

第一に、国連幻想があげられるだろう。日本にはそもそも、国連自体に対して戦後の早い時期から、信仰や幻想とも呼べる特殊な思い入れがあった。国連は国家群の上に超然とそびえる、実権を十分に備えた強力な国際機関だ、という錯誤と言ってもいい。

世界の平和と安定を保つために、個々のどの国家よりも強い権限を有するのが国連という国際組織だとする、信仰に近い認識だった。しかも国連は公明正大だと信じこむ傾向が、戦後日本には長く根をはってきたといえる。

日本の国連信仰は、東京都の中心部、渋谷の青山通りにそびえる国連大学をみても明白である。青山の一等地に立つ地上十四階のビルにある国連大学は、大学であって大学ではない。大学生もいなければ、大学教授も講義もない。大学という名から連想させる高等教育の機能は何もなく、国連の枠内で動く特定の研究者や活動家たちが、特定の学術研究をするだけの機能しかない。

しかも国連大学はユネスコ（国連教育科学文化機関）傘下の組織である。世界記憶遺産の制度もユネスコが母体だ。

国連大学はそもそも、国連総会が設立の意義をなかなか認めず、国連の予算をつけることさえ難色をみせた。だが一九七〇年代の前半、「国連外交」に官民あげて熱を高めていた日本が国連大学の招致に積極的となり、土地や建物を提供し、運営資金も大幅に供与することで日本でのオープンを強引に実現させたのだ。

だがその後の長い年月、国連大学の日本にとっての業績といえば、慰安婦問題での日本糾弾の国際会議をその施設で開いたことぐらいである。しかもその国際会議は、虚偽の吉田清治証言に基づくクマラスワミ報告を基礎に日本政府を非難するのが基本線だった。

現実の国連は、各国のギラギラとしたエゴがぶつかりあう駆け引きの場である。個別の主権国家がただ集まっているだけで、その相互の関係では国連という手段をただ利用して、自国の利益になる事業を推し進めることが優先される。そのためにはロビー活動を含む水面下の働きかけも重要である。日本人の国連イメージを幻滅させるような、カネや権力の応酬も存在する。

とくに記憶遺産を含む一連の世界遺産事業を仕切るユネスコは、多数の国連専門機関のなかでも強烈な悪臭を放つ、伏魔殿のような歴史がある。

国連専門機関は世界保健機構（ＷＨＯ）や国際労働機関（ＩＬＯ）など合計二十近くが存在する。日本でユネスコといえば、「国連教育科学文化機関」という名称どおり、世界の科学や文化の発展に寄与する、崇高な使命の国際組織だと思いこむ向きが多いだろう。だがユネスコとは不透明、不明朗な歴史を持つ、政治的操作に弱い体質の機関なのである。

世界記憶遺産を決める組織として、国際諮問委員会（ＩＣＡ）が存在する。事務局長が任命する十四人のメンバーが、二年ごとに記憶遺産の登録を決めている。現在のこの十四人は「日本対中国・韓国」の対立で、どちらの側にもとくに肩入れしない国の出身者ばかりだ。

また国際諮問委員会の下には、世界各地域の委員会が存在していて、日本や中韓両国は「世界記憶遺産アジア太平洋地域委員会」に所属する。この地域委員会に、ユネスコ記憶遺産登録のロビー活動を行う余地があり、各国が積極的に実施している。しかしこうした「ロビー工作」や「働きかけ」は、日本がこれまで得意でなかった作業、いや事実上、手をつけることのなかった活動だ。

ＯＤＡ（政府開発援助）など経済援助を使った要請や要求、あるいはその他の外交案件でのギブ・アンド・テイクの駆け引きは、わが日本外務省の伝統的な得意技ではなかった。

それでも、各国のエゴがぎらつく国連の体質を考えれば、日本も今回の記憶遺産登録でも自国の利益の保護のために、ユネスコにどぎつい訴えや揺さぶりをかけるべきだったといえよう。それがなかったことが失敗だったのである。

中国や韓国が明らかに「反日」の意図で国連に訴え、日本を攻撃する。そのパターンは二種類ある。

第一は中韓側が、現代の日本のマイナスイメージにつながる過去の事物を、自国の「遺産」として選定する方法である。

第二は日本が自国のプラスとして選ぼうとする「遺産」に文句をつけてくる方法だ。

考えてみれば、くだらない話でもある。

そもそも過去の文化を保存する作業に国連を巻きこみ、さらに他国への負の意図をこめて、あれこれ画策する。自国の利を図って他国や国連に圧力をかける。同じ土俵に上がりたくない、次元の低い政治ゲームにも思える。

だが日本としては、相手国が反日の意図をこめて、国際的な舞台で戦いをしかけてくる以上、自衛や反撃の措置を取らざるをえない。

前述のように、日本政府はこれまで、記憶遺産の登録には積極的ではなかった。記憶遺産登録の国際競争で、日本ははるかに出遅れていた。そもそも日本国内では、この記憶遺産制度の存在さえほとんど知られていない。「南京大虐殺」や「従軍慰安婦」が中韓の手によってこの舞台に持ちこまれてから、初めて知った向きも多いことだろう。

中国と韓国の記憶遺産に関する動きで、日本が今後、さらに警戒すべきなのは、すでに触れてきたように、日本を糾弾対象として、南京事件と慰安婦問題を負の相乗効果を狙ってプレイアップしようとするあからさまな画策である。

慰安婦問題でも中国当局は「日本軍が組織的に女性二十万人を強制連行し、性的奴隷にした」という虚構の主張を繰り返してきた。この主張に基づいて、慰安婦問題の中国側資料までが世界記憶遺産として登録されてしまうとなると、日本の国際舞台での評判がまた一段と落ちることとなる。

ユネスコの現在の事務局長は、ブルガリアの外務大臣を歴任した女性のイリナ・ボゴバである。ボゴバ事務局長についてはおもしろい最近の事例がある。

二〇一五年の世界記憶遺産にパレスチナが申請した「パレスチナのポスター保存計画」が不登録とされた。ボゴバは本来、パレスチナに対してきわめて同情的だった。だがこの不登録の決定は「ボゴバ事務局長自身の判断による」と明記されている。

その公式の理由は「ポスター類の内容があまりにも反ユダヤ主義的で、その記憶遺産登録は新たな文化摩擦を招きかねない」とされた。だがその背後では、イスラエルなどが事前に「ボゴバ事務局長のパレスチナびいき」をさんざん宣伝していた。そのネガティブ・キャンペーンが効果をあげ、ボゴバ自身、パレスチナ偏重という批判を恐れて、不登録の決定を下したようなのだ。

要するにユネスコでは、この種のロビー活動やキャンペーンや圧力が功を奏することが多いのである。日本もそうした実態を理解したうえで、どぎついくらいの、したたかな方法での対処が欠かせない、ということだろう。

日本の名誉が一方的に貶められてしまえば、日本の国際的な立場を悪くするだけでなく、日米同盟、安全保障の面にも大きな影を落とす可能性があることまで考慮しなければならない。

第五章

新しい時代の真の日米同盟

米議員による憲法九条批判

「アメリカは尖閣諸島を守る必要はない！　日本は同盟相手のアメリカが他国から軍事攻撃を受けても、助けようとはしないからです。いつも憲法を口実にするのです」

こんなショッキングな言葉が、アメリカ議会に響きわたった。

連邦議会上院、ダークソン議員会館での公聴会だった。トランプ政権が誕生して四十日ほどの二〇一七年二月二十八日のことである。

日米同盟さえも否定しかねない、こんな意見を大声で述べたのは、デモやアジテーションを得意とする特定団体の活動家ではない。連邦議会下院のベテランメンバー、ブラッド・シャーマン議員だ。

シャーマンはカリフォルニア州選出、民主党で十一期、合計二十二年間も下院議員を務めてきた有力政治家である。そんなベテランの議員が、日米同盟を否定するような主張を述べたのだ。

しかもトランプ大統領が二月十日、安倍晋三首相と会談し、アメリカの年来の日本防衛の誓約を強調し、尖閣諸島の防衛という方針を明示した直後だった。

ブラッド・シャーマン
(Brad Sherman)

そのトランプ大統領の尖閣防衛の誓いと、シャーマン議員の尖閣防衛への反対と、ギャップは甚大である。シャーマンの意見はいまのアメリカの国政の場では少数派だとはいえ、日米同盟が本来、抱える構造的なゆがみを鋭く指摘する。その〝ゆがみ〟こそ、一見強固に見える日米同盟の弱点であり、落とし穴ともいえそうだ。

尖閣問題は日本にとって、国家の危機である。中国の攻勢を受ける日本は、国難に瀕したといえる。そこで日本はどうするか。日本国民のおそらくだれもが最初に思いつくのは、日米同盟を理由にしたアメリカの支援であろう。

戦後日本は長年、一貫して自国の防衛の核心部分をアメリカとの同盟にゆだねてきた。そのため、いま緊急の課題となった尖閣諸島の危機にしても、「もし中国が武力で侵略してくれば、アメリカが助けてくれる」という誓約に安堵をみいだす日本国民が大半ではないだろうか。ところがアメリカでは「尖閣問題で日本を守る必要はない」とする意見が、議会で発せられているのである。

そのシャーマン発言が出てきた状況を、もう少し詳しく報告しよう。トランプ大統領が議会両院合同会議で初の演説をした二月二十八日のことだった。その演説に先立つ数時間前、下院外交委員会のアジア太平洋小委員会が公聴会を開いた。日本や中国などアジア・太平洋地域の諸課題を審議するこの小委員会は、一月からスタートした新議会での初めての公聴会だった。

この公聴会は「中国の海洋突出を抑える」と題され、南シナ海と東シナ海での中国の無法な膨張を、アメリカはどう抑えるべきか、が審議の主題だった。まさに日本にとっても大きな意味を持つテーマだ。

委員会側は新たに小委員長となったテッド・ヨホ議員(共和党)を議長に、共和、民主両党の議員たちがメンバーとして並び、証人として招いた三人の専門家の見解を聞きながら、議論を進めていく方式である。

ちなみに証人はヘリテージ財団の上級研究員ディーン・チェン、AEI(アメリカン・エンタープライズ・インスティテュート)の日本研究部長マイケル・オースリン、カーネギー国際平和財団の上級研究員マイケル・スウェインの三人だった。

私はトランプ政権下の新議会が、中国の南シナ海での一方的な領土拡大や、東シナ海での尖閣諸島への威圧攻勢をどう見ているかがわかるのではないか、と期待して傍聴に出かけたのである。だからこそ、シャーマン議員の「尖閣防衛反対論」に、私は大きなショックを受けたのだ。

公聴会では通常の手順どおり、小委員長のヨホ議員が冒頭でこの公聴会の目的などを説明し、自分の意見を述べた。当初の予測どおり、ヨホ議員は中国の南シナ海での人工島造成や軍事基地建設を、〝違法で危険な膨張主義〟と非難した。東シナ海における尖閣諸島領域への強引な侵入も、アメリカの同盟国である日本への不当な軍事圧力だと糾弾した。

さらには「オバマ政権下のこれまでのアメリカの対応が弱すぎて、中国をまったく抑えられていない」と指摘。日本などの同盟国と連帯しての対中抑止態勢の構築を提唱した。いかにも新議会の共和党リーダーらしい基本姿勢だった。

ヨホのこうした発言の前提には、トランプ政権による日本への尖閣共同防衛の意思や、誓約の表明がもちろん含まれていた。

ところがこの小委員長発言の直後に、民主党を代表して発言したブラッド・シャーマン議員が、意外なほどの厳しい口調で日本批判を展開したのだ。

「トランプ政権が、日本の施政下にある尖閣諸島の防衛を約束したことに反対します」

シャーマン議員はこの小委員会では民主党のトップである。そのトップが中国の海洋進出を非難する前に、トランプ新政権の対日安保政策への正面からの反対を表明したのだ。

これには私も驚いた。だがシャーマン議員の発言はこれに留まらなかった。

「日本は、憲法上の制約を口実に、アメリカの安全保障のためにほとんど何もしない。それなのに、アメリカが膨大な費用と人命とをかけて、日本側の無人島の防衛を引き受けるのは理屈に合いません。日本側はこの種の不均衡をいつも自国の憲法のせいにします。かといって、『では憲法を変えよう』とは誰もいわないのです」

日ごろ考えてきた主張を吐き出すかのように、熱のこもった言葉を一気に継いでいった。

「二〇〇一年九月の9・11同時多発テロ事件で、アメリカ人三千人もが殺されたとき、北大西洋条約機構（ＮＡＴＯ）の同盟諸国は集団的自衛権を発動し、アメリカのアフガニスタンでの対テロ戦争に参戦しました。

だが日本は憲法を口実にして、アメリカを助ける軍事行動は何もとらなかった。その時、『日本はもう半世紀以上もアメリカに守ってもらったのだから、この際、憲法を改正してアメリカを助けよう』と主張する日本の政治家が一人でもいたでしょうか」

彼の質問への答えは、もちろん「ノー」である。

問題視される日米安保の片務性

その主張に対して共和党古参のデーナ・ローラバッカー議員が発言した。

「確かに日本の憲法が日米同盟を一方的なものにし、公正に機能することを阻んではいます。しかし安倍晋三首相は憲法改正をも含めて日本の防衛を強化し、同盟をより均等にしようと努めています。それにアジアでは中国に軍事的に対抗する際に、真に頼りになるのはまず日本なのです」

だから日本をそこまで非難しなくてもよいだろう、とやや擁護したわけだ。

デーナ・ローラバッカー
(Dana Rohrabacher)

ローラバッカーはカリフォルニア州選出、当選十三回の古参議員であり、中国に対して厳しい構えをとることで知られる。トランプ政権に近く、国務長官候補として名前が出たこともある保守派の有名議員だった。

共和党側のそんなベテラン議員でさえも、日本の現行憲法が双務性を阻むことにより、日米同盟が公正な機能を抑えられていることは認めざるをえなかった。しかも、それを解消するためには憲法改正が必要なことまで把握していたのだ。

つまり、シャーマン、ローラバッカー両議員に共通するのは、日本の現憲法が集団的自衛権の禁止などで日米同盟への対等な寄与を抑えているため、改正したほうがよいという認識なのである。とくにシャーマン議員の主張は、「アメリカの尖閣防衛誓約を日本の憲法改正と交換条件にすべきだ」と述べているのに等しいのだ。

公聴会が証人たちの証言を求める段階に入ってもなお、シャーマンは「日本の防衛努力の不足」を指摘した。そして防衛費のＧＤＰ（国内総生産）への比率まで持ち出した。

「アメリカなどが国際的な紛争を防止して、平和を保とうと努力するときでも、日本は血も汗も流さない。憲法のせいにするわけです。日本の防衛費はＧＤＰの一％以下です。アメリカは三・五％。ＮＡＴＯ加盟諸国はみな二％以上にするという合意があるのです」

そのうえでシャーマン議員は「日本が防衛費をＧＤＰの一％以内にしておくというのは、それも憲法上の制約のためなのでしょうか」と証人たちにまで質問をぶつけていた。

トランプ政権が国防費の大幅な増額と米軍の全面的な増強の方針を打ち出し、日本との防衛協力を進める姿勢をみせていたさなか、議会では野党の民主党ベテラン議員が激しい日本非難を打ち上げたことを、どれだけの日本人が知っているだろうか。

日本国憲法が原因とされる日米同盟の片務性は、これまでにもアメリカ側から陰に陽に批判されてはきたが、これほど正面から提起されたことは珍しい。

この現実は、深刻に受けとめねばならないだろう。

そもそも現大統領のドナルド・トランプは、選挙キャンペーンの最中に日米同盟の片務性に対する不満をたびたび口にしていた。

トランプが日米同盟について、公式の場で初めて語ったのは二〇一五年八月だった。トランプはその二カ月前の六月十六日、翌二〇一六年大統領選への立候補を表明。共和党の指名を目指すと宣言した。共和党ではこの時点で、トランプを含め合計十七人もの候補者が名乗りをあげていた。

そのトランプが二〇一五年八月二十一日、アラバマ州モービル市の集会で演説した。巨大なフットボール・スタジアムの会場に、約三万人もの参加者が集まった決起集会だった。赤い野球帽をかぶって壇上に登場したトランプは、熱をこめた演説のなかで日本の防衛について次のように述べたのだった。

「(いまの日米同盟の下では)アメリカはもし日本が攻撃を受けた場合、日本を防衛することを義務づけられています。しかし日米安保条約の規定では、日本はアメリカを防衛・支援する必要はないのです。こんな状態を、みなさんはよい取り決めだと思いますか」

会場の観衆の間からは「ノー」という声がどっとわき起こった。

日本が現状では集団的自衛権の行使をみずから禁止し、アメリカ本土が攻撃を受けた場合はむろんのこと、アメリカ国民や米軍が、たとえ日本のすぐ近くで攻撃された場合でも、何の支援もしない、という日米同盟の現状を、アメリカにとって不公正だと非難したのだ。

トランプはもちろん「集団的自衛権」などという一般になじみのない用語は使っていない。だが日本や日米関係に詳しくない、平均的なアメリカ国民に理解しやすい表現で、アメリカからみた日本の集団的自衛権問題の特殊性の評価を問うたのである。大衆アピールや扇動のたくみなトランプ流の演説だといえる。一方、日本にとっては、こんな形でアメリカの人々に日米同盟の長年の片務性が宣伝されるのは、好ましいはずがない。

トランプのこの日の演説は、主としてアメリカの軍事政策についてだった。全体のトーンは、オバマ政権下のアメリカが軍事力を弱くしすぎたという批判だった。

「私は（大統領になれば）米軍を再建します。米軍を強力に、偉大に、します。そうした米軍はあまりに強力かつ偉大であるがために、実際に軍事力を行使する必要がなくなります。世界のどの国も、そんなアメリカに戦いを挑んでこなくなるからです」

いかにも大衆政治家らしい表現だ。そのメッセージは平均的アメリカ国民に、ごくストレートに届く。さらにトランプは、アメリカの日本と韓国への防衛誓約について、別の角度から批判を述べた。

「アメリカは日本や韓国という経済上の競争相手を防衛することを誓っています。しかしその見返りを何も得ていません。アメリカは日本と韓国に対して、貿易赤字を増大させる一方なのです」

トランプはそれからちょうど一年後の二〇一六年八月にも、アイオワ州のデモイン市での演説で同じようなことを述べた。

「日本との安保条約では、もし日本が攻撃された場合、アメリカは米軍の全力をあげて日本を守らねばなりません。しかしアメリカが攻撃されても、日本は何をする義務もない。日本国民は家にいて、ソニーのテレビでもみていればよいのです」

これもきわめて単純な表現であるにせよ、日米同盟の片務性を指摘し、不公平だと非難したのである。

これにはさすがの日本国内でも「トランプ就任で在日米軍が撤退するかもしれない」という危機感が高まった。他国と比べて同盟に「片務性」が存在することは、日本人として知らないわけではない。トランプの指摘は図星だったというほかないだろう。

米韓同盟でも、NATOの集団同盟でも、一国への軍事攻撃は他の同盟諸国すべてへの軍事攻撃とみなし、すべての同盟加盟国が一致して共同の軍事行動をとるというメカニズムになっている。日米同盟だけがそれに倣っていない。

こうした変則状態も、アメリカ側に日本の防衛をすべて引き受ける意欲が強い限り、なんとか保たれていく。実際、戦後の長い年月、アメリカ側には「日本を軍事的に弱いままにして、アメリカに依存させておく状態が米側の国益にかなう」という思考が支配的だった。

しかし東西冷戦が終わって、ソ連以外の新たな脅威が出現すると、日本により多くの防衛努力を求める意見が出始めた。アメリカ経済が衰え、日本経済が強くなる中で、アメリカが防衛面で大きな負担を続けていくことへの反対論も目立つようになった。

日本側では、日米同盟の現状維持を求める根拠として、「同盟はアメリカの国益にも利する」と言われてきた。ではもし、当のアメリカが、日本を防衛する責務をもう辞退すると宣言したら、どうなるのか。

二〇一六年三月に施行された平和安全法制関連二法により、日本も集団的自衛権の行使が部分的に容認されたが、まだまだ制限が多く、日米同盟は普通の双務的な同盟とはなっていない。トランプが大統領選中に日本について述べた、日米同盟の〝片務性〟は解消していないのだ。

確かにトランプがホワイトハウスに入り、実際の大統領の執務を始めてからは、その種の対日批判は減っていった。日本の安倍晋三総理大臣との個人的な相性のよさも喧伝され、日本では一度高まった「在日米軍撤退の悪夢」に対する危機感も急激にしぼんでいった。だからといってトランプの心中の当初の意識が消えてしまった、というわけではないだろう。

日本の防衛努力への不満

前記のアイオワ州での演説で、トランプは在日米軍駐留経費の問題にも言及している。

「日本側が在日米軍駐留経費の五〇％を出しているそうだが、なぜ一〇〇％を出さないのでしょうか」

トランプはさらに他の演説の機会にも日米同盟に触れたが、ほとんどは日本の防衛努力や防衛費負担が不十分という趣旨の批判が中心で、日米同盟の本質である片務性を非難することは少なくなった。

一方、日本側は政府レベルでも、メディアのレベルでも、トランプの日本批判は在日米軍駐留経費だけが標的だという受け止め方をするようになっていった。

在日米軍駐留経費とは、日本国内に駐留するアメリカ軍への基地貸与や、その光熱費、日本人従業員の給与などに要する労務費、つまり基地運営の兵站（へいたん）の費用である。米軍の軍事活動そのものの経費はここには含まれず、それは一切、アメリカ側の負担となっている。

一方、日本政府が負担する在日米軍駐留経費は、平成二十八年度の予算案で、防衛費の中に約三千七百億円が計上された。日本政府は在日米軍駐留経費全体の七五％を負担していると宣言している。平成二十八年度の米軍駐留経費の全額は、残りの二五％分を加えると、約五千億円となる。

日本の防衛費約五兆円にくらべて、在日米軍駐留経費は総額五千億円である。防衛費全体のわずか十分の一であり、日本の防衛という全体図のなかではきわめて小さい部分なのだ。そのうちの三千七百億円を日本側が支出している。

だが日本政府は、「トランプ大統領の日本防衛批判は米軍駐留経費負担だけ」という反応をみせた。日米同盟の片務性や防衛費全体の金額、さらには日本の防衛態勢そのものへの批判は、あたかも存在しないようにふるまったのである。

この態度は日本政府当局者だけに限っていえば、故意だといえよう。日米同盟の実務面のやりとりを少しでも知っている日本側の関係者ならば、アメリカ側の年来の批判は決して在日米軍経費の負担比率だけではないことを熟知しているからだ。

ところが事態は一変する。トランプ政権が発足してから二週間後の二〇一七年二月三日、新政権のジェームズ・マティス国防長官が来日した。そして在日米軍駐留経費の日本側の負担には何も問題はないと言明した。それどころか、日本の在日米軍駐留経費の負担について「他国が見習うべきお手本」とまで述べたのである。

この発言で日本側は官民とも、ほっと一息ついたという感じだった。これを以て、トランプ大統領が選挙期間中からたびたび批判した「日米同盟での日本側の防衛負担の不公平」という課題がひとまず片づいた、という解釈が日本側では一応、成り立ったからだった。

しかし前述のように、トランプ大統領が「不公平」として指摘する主な対象は、在日米軍駐留経費ではない。あくまでも日米同盟の構造的な片務性や、日本の防衛の内向き姿勢への不満なのだ。

トランプは日本だけでなく各国の防衛費の全体の額を「もっと上げろ」と主張している。また、日本の防衛費についてアメリカ側は、トランプ政権に限らず、歴代政権や連邦議会が繰り返し批判の声をあげてきた。

日本国は年来、自国の防衛費を国内総生産（GDP）の一％の枠内に留めるという自己規制を保ってきた。その背後には憲法上の制約もあった。

だが東西冷戦中をみても、ソ連の崩壊で冷戦が終わってからの時期をみても、防衛費がGDPの一％以下という国家は全世界でもきわめて珍しかった。一方、アメリカは東西冷戦中、防衛費はGDPの四％以上、七％という年も少なくなかった。冷戦後も三％以上という水準を保ってきた。

トランプはこうした自国の軍事政策の歴史を踏まえたのか、選挙戦では同盟相手国の防衛費をGDPへの対比でみるというアプローチを明確に示した。北大西洋条約機構（NATO）の同盟相手諸国に、防衛費を少なくとも自国のGDPの二％以上に保つことを求めたのだ。

アメリカをはじめとするNATO加盟二十八カ国は近年、自国の防衛費をみなGDPの二％以上にするという誓約をしていながら、二〇一六年現在、その誓約を果たしたのはアメリカを含めてわずか四カ国だった。

トランプは、NATO加盟各国にその誓約の履行を求めることを、選挙キャンペーン中の公約にまで盛り込んだ。彼にとって一国の防衛努力の水準を、防衛費の対GDP比で判断するのは当然なのである。

だからトランプはやがて、日本の防衛費の対GDP比にも関心を向けるだろう。この点を本来の批判の対象だった日米同盟の片務性と並べて批判してくる見通しは否定できない。

このようにトランプ政権下の日米同盟、日本の防衛負担の問題は決して終わってはいないのである。

「平和憲法」が同盟解消の理由になる

しかし日米同盟の片務性という課題には、長い歴史上の理由がある。戦後の日本の国のあり方自体が原因だともいえる。アメリカ側も歴史的に、日本を軍事的に弱いまま抑え、日米同盟もあえて片務的なままにするという政策をとってきた。

そのくびきこそ、憲法第九条だ。

〈憲法九条　第一項　日本国民は、正義と秩序を基調とする国際平和を誠実に希求し、国権の発動たる戦争と、武力による威嚇又は武力の行使は、国際紛争を解決する手段としては、永久にこれを放棄する〉

〈第二項　前項の目的を達するため、陸海空軍その他の戦力は、これを保持しない。国の交戦権は、これを認めない〉

憲法九条を素直に読めば、日本には交戦権も戦力もない、としか考えられない。たとえ自国を防衛するためであっても、たとえ自国民の生命を救うためであっても、日本は戦ってはならない、という趣旨だといえよう。

憲法九条、そして日本国憲法全体のどこをみても、日本自身が国家や国民を防衛する権利は明記されていない。独立国ならば、国家が国家たる自明の権利として掲げる自衛の権利がないのである。同様に国家が国民に対して負う防衛の義務も、日本国憲法にはまったく言及がない。

憲法九条は、「戦争」も「武力の威嚇」「武力の行使」も「国際紛争を解決する手段としては永久に放棄する」という。これまたすべての戦争や軍事力の放棄とも受け取れる記述ではあるが、「国際紛争を解決する手段」という注釈を唯一の逃げ道としている。

その注釈を最大限に活かして、「日本を防衛する手段」はここには含まれないという苦しい解釈を、戦後の先人たちは作りあげた。「日本防衛」のためならば、戦争や戦力は禁止されないという解釈である。

この解釈が憲法九条後半の「前項の目的を達するため」という条件で活かされるわけだ。戦争も戦力も国際紛争解決の手段としては禁じられるが、日本の自衛のためだけなら禁じられない、というのである。

「自衛のためだけの部隊なら存在しても構わない」、この苦しい解釈の上に築かれたのが自衛隊だった。

しかしこの解釈は憲法九条に違反するとの見解も戦後、一貫して存在してきた。いつの時代でも日本の憲法学者の少なくとも過半数が「自衛隊は憲法違反だ」とする解釈を主張してきた。

自衛隊が拠って立つ解釈に、そもそもの曖昧さがつきまとうことは、自衛隊合憲論者の間でも頻繁に指摘される。その解釈には屁理屈のような無理があるということだろう。

日本の自衛隊は、憲法の解釈の曖昧さの間隙をぬってつくられた、制約だらけの部隊であって、軍隊ではないのである。

だからこそ安倍晋三首相が二〇一七年五月冒頭、憲法改正の主張を公式に打ち出し、憲法九条に自衛隊の存在を明記することを目指すと宣言したのだ。

日本の現行憲法には、繰り返すが日本国自身が自国民の生命や財産や自由をどのようにして守るかの規定がない。その代わり、平和の守り方として憲法前文に次のような記述がある。

〈日本国民は、恒久の平和を念願し、人間相互の関係を支配する崇高な理想を深く自覚するのであつて、平和を愛する諸国民の公正と信義に信頼して、われらの安全と生存を保持しようと決意した〉

つまりは日本国民の自分たちの安全と生存は自衛ではなく、戦争の抑止でもなく、「平和を愛する諸国民の公正と信義」に頼って保持する、というのだ。完全な他者依存だ。そこには他国の善意への全面的な依存と、自国防衛という概念が完全に欠落している考え方が露呈している。これに従えば、本来は自衛隊さえ不要ということになりはしないか。日本の安全や生存を「平和を愛する北朝鮮や中国の国民の公正と信義」に依存するだけで保てる——。この考え方がいまの国際情勢でいかに常軌を逸しているか、議論の必要すらないだろう。

この点にこそ日本国憲法の最大の欠陥、最大の非現実性がある。簡単にいえば、日本の憲法は日本の防衛を概念的に否定しているのに等しいのだ。だから日本の歴代の政府が、日本の自衛や安全保障を考えるという〝普通の政策〟に少しでも乗り出そうとすれば、必ずこの憲法の壁にぶつかってきたのである。

しかもその特殊性は、日本国憲法誕生時に宿命づけられていたものである。

周知のように日本国憲法は、一九四六年二月はじめの十日ほどの間に、当時、日本を占領していた米軍を主体とするGHQ（連合国軍総司令部）によってすべての条文が作成された。原案の実際の執筆にあたったのは、GHQ民政部次長のチャールズ・ケーディス陸軍大佐を実務責任者とする米軍当局者十数人だった。

執筆されたのは、現在の第一生命ビル内にあったGHQの内部だった。この事実を憲法改正に反対する現憲法死守派は、不思議なほど指摘しない。

私は自分でいうのもおこがましいが、日本国憲法を起草した当事者に直接に話を聞いた数少ない日本人ジャーナリストである。一九八一年四月にケーディスに会って、詳しく往時の実情を尋ねた。

一九八一年当時、私はアメリカの研究機関「カーネギー国際平和財団」の上級研究員として日米安保関係の調査や研究をしていた。ケーディスはその時期、ニューヨークの大手法律事務所で弁護士として働いていた。その事務所を訪れると、彼は憲法起草の体験を詳しく語ってくれた。四時間ほどのインタビューとなった。

その長い質疑応答で、私の記憶に最も強い印象を残したのは以下のやりとりだった。

――ではケーディスさん、あなた自身の考えでは憲法九条の目的はいったい、何だったのでしょうか。

「日本を永久に非武装のままにしておくことです」

ケーディスはまったくためらわずに、そう答えたのだ。そのうえで彼はさらに衝撃的な告白をした。

「実は上司のマッカーサー総司令官からの指示のメモには、非武装の日本は『自国の防衛のためでさえも』戦争や戦力を放棄する、という記述があったのです。でも、それでは道理に合わないと、私自身で判断しました。すべての国は自己保存のための固有の自衛の権利を持っているからです」

ケーディスは自分の判断でその「自国の防衛のためでさえも」と一節を削除したのだという。上司には事後に報告をして了承を得たのだとも述べた。

だがケーディスの発言で明らかになったのは、当時のアメリカ占領軍が「とにかく日本を非武装のままにしておく」という最終目的を達成するために、日本国憲法草案を作成したという歴史的な事実だった。

当時の占領軍は、アメリカ本国政府の意を体して、日本が戦争で発揮した軍事力のいかなる再現をも恐れ、日本を永遠に軍隊のない国にしようと考えた。しかし一般の国際基準では、軍事力とは主権国家の存立や利害を守るための物理的な手段である。自国を守るための政治・外交的な協議や譲歩など、非物理的な手段が機能しなかった場合の、最後の選択肢だといえる。

いまの世界では、どの主権国家も当然の権利として、軍事手段を保有している。だが日本国憲法は、米軍の意向により、戦後の日本からその究極の手段をも奪おうという企図の産物だったのである。

以上が、「日本国憲法とは何か」に関する基本的な歴史的事実といえよう。この点については、これからも憲法改正論議で提起していかねばならない。

日本はその憲法をまったく変えないまま現在にいたった。そのため、ふつうの国なみの防衛努力をしようとするだけで、必然的に憲法上の制約と衝突する。

その制約は「集団的自衛権の行使禁止」とか「専守防衛」という形で、日本の防衛政策の大きなカセとなってきた。日本本土が攻撃を受けた場合、しかも実際に攻撃を受けた後でしか、自国の軍事力を使えないという制約を長年、自らに課してきた。

つまり、「日本の領土や領海のすぐ外で、日本の安全保障のために活動している米軍部隊が仮に第三国の攻撃を受けても、目前にいる自衛隊はその米軍を助けることはできない」のだ。日本の領土領海の外では、いかなる軍事行動も戦闘行動もしてはならない、という憲法解釈によるタブーだった。

日本が軍事攻撃を受けたら、アメリカは日本を防衛する責務があるが、日本はアメリカが攻撃されても、たとえそれが日本のごく近くであろうと、米側を防衛する義務はない。

二十数年前までは、アメリカ側にも日本を防衛面でアメリカに依存させ、独自の軍事力は微小のままに留めることがアメリカの基本政策に合致するという意見が根強く、日米同盟は片務的だからこそよい、という見解が多数派だといえた。

そのうえ、アメリカは日本国内に米軍基地をおくことで、アジア全体での抑止力を保つことができる。経済や政治の面でのアジア関与を支える最大の基盤も、日米同盟だったのは事実だろう。

それでもなお、現在のアメリカでは、トランプの「日本批判」を大衆が支持しただけでなく、米民主党のリベラル派からもその片務性が批判されるようになったのである。

こんな一方的な同盟は、全世界でも日米同盟だけである。

安倍政権下で二〇一五年九月に平和安全法制関連二法が成立し、集団的自衛権の一部行使や、国連平和維持活動での他国軍との共同行動がある程度、認められるようになった。

だがそれでも制限や条件は多く、日本の防衛の自縄自縛（じじょうじばく）はなお続いている。

この現実を、日本側も深刻に認識しなければならないだろう。

一国平和主義への国際的非難

日本国内では、集団的自衛権行使を認めないことこそ、いかにも平和愛好の証しであるかのように語られる。だがいざ海外に目を向ければ、アメリカだけでなく他の諸国からもむしろ「集団的自衛権を行使しないこと」を批判されてきたのである。

その国際批判の歴史は意外に長い。

日本が自国や国際社会の危機に瀕しながら、それでもなお「軍事的手段は一切とらない」とする態度は、「自己中心」「他国の安全保障努力へのただ乗り」「外部をみない一国平和主義」と批判されてきた。

この種の日本批判がはっきりと表面に出てきたのは、東西冷戦でソ連が崩壊した一九九〇年代はじめごろからである。

そういう国際的な日本批判は、おおまかにいって二種類に区分できる。

第一に、国際社会共通の課題である、平和維持活動への日本の非協力的な姿勢への批判。

そして第二は、同盟相手のアメリカからの日本の共同防衛の努力不足に対する批判である。

第一の実例を過去にさかのぼってみていこう。

最初の大きな契機は一九九一年一月に始まった第一次湾岸戦争だった。前年の一九九〇年八月、イラクのフセイン政権によるクウェート侵攻・軍事占領に反対した諸国は、アメリカの主導と国連の承認を得て多国籍軍を結成し、イラク軍を攻撃した。約三十カ国が参加し、実際に部隊を送った。

だが、日ごろ世界平和への寄与を誇らしげに宣伝し、湾岸からの石油への依存度も大きい日本は、実際の平和維持活動を、文字どおり「何もしなかった」。汗も血も流さなかったのだ。

日本はかわりに巨額の資金を提供したが、「小切手外交」と皮肉られ、かえって国際社会からの信用低下を招いた。多国籍軍によって主権を回復されたクウェート政府は、その参加国すべてに感謝の意を述べながら、日本には何も伝えなかったのである。

日本が世界の経済大国でありながら、他のすべての諸国がそれなりに貢献した国際平和維持活動において、一切の責任を放棄したことに対する批判でもあった。

二〇〇一年九月にはアメリカ中枢への同時テロに対し、アメリカの同盟国の北大西洋条約機構（ＮＡＴＯ）加盟諸国やオーストラリアが集団防衛権を宣言。国際テロ組織との戦いへの共同行動をとった。だが日本はここでの集団自衛にも背を向けることとなり、アメリカやヨーロッパ諸国をはじめとする国際社会から、「テロとの戦いでも行動しないのか」と激しい批判を浴びた。

二〇〇三年三月から米軍主導でイラクのフセイン政権打倒作戦が進められ、その後もイラク民主化のための現地駐留が行われた。さすがの日本もこの時ばかりは、自衛隊のイラク駐留を認めた。だがここでも自衛隊は集団的自衛権行使を禁じられていたために、現地ではオランダやオーストラリアの部隊に護衛してもらわねばならない、奇妙な事態が起きたのである。

二〇〇五年には時の日本政府が国連安保理の常任理事国入りを真剣に試みた。だがこの動きに対し、アメリカ国務省のニコラス・バーンズ国務次官は日本支援の要件として「国連の平和維持活動に軍事的に寄与できる軍事能力の保持」という条件をあげた。

当然の要求だろう。国連加盟国のなかで日本だけが、集団的自衛権の禁止のために世界の多数の諸国が共同で進める安保活動、平和維持活動に加わることができない。自国の集団的軍事行動をみずからに禁じている日本が、国連安保理の常任理事国として他国に平和維持活動への参加を求め、指示する立場に立つのはおかしい、という指摘だった。日本の安全保障に関する国際的な特殊性を、アメリカによって指摘されたのである。

第二に、アメリカからの批判の実例を引こう。

歴史を振り返ってみると、東西冷戦中は、アメリカも日本の自主防衛、軍事面での努力をあまり期待しなかった。ソ連との軍事対決にも自力で臨むという構えであり、すでに述べたように、日本が軍事力を増すと、アメリカへの悪影響を生むかもしれないという日本不信もまだ残っていた。

ところがソ連邦の完全解体で東西冷戦が終わると、アメリカの対日同盟政策も微妙な変化をみせ始めた。日本による防衛貢献への期待が増したのだ。ある意味では日本への不信が減った結果でもあった。日本がそれまでよりも軍事面での能力を高め、対米協力の貢献度を増しても、あくまでアメリカのパートナーとしてなら、歓迎するという態度だった。だが日本は動かなかった。この姿勢がアメリカからの非難を受けることになったのである。

ワシントンの大手研究機関のケイトー研究所が、一九九五年十月に発表した日米安全保障関係についての報告書には、次のように書かれている。

〈日本は東アジアで予測される危機への対処で、アメリカの安全保障努力にただ乗りする意図を明白にしている。当研究所代表は訪日して日本政府当局者たちに、（1）南沙諸島をめぐる中国と周辺諸国との戦争、（2）中国による台湾への軍事攻撃、（3）朝鮮半島での戦争の有事に、日本は何ができるか質問した。答えはいずれもゼロだった。

日本は集団的自衛権の禁止を理由に後方や兵站の支援もできない、というのだ。これでは日米同盟の意味はない。その種の有事が起きれば、同盟が機能しないことが明白となる。であれば、事前に日米同盟は解消したほうがよい〉

第三章でもふれたように、ソ連崩壊後のこの時期、早くも中国が軍事的な膨張を開始し、南シナ海などで領有権主張を強引にエスカレートさせ、台湾に対する軍事圧力も増していた。さらには中国だけでなく、北朝鮮の核武装が明白となり、朝鮮半島での戦争勃発の危機も高まっていた。

そんな状況を背景とした三つのシナリオについて、日本は「仮にそうなっても何の貢献もしない」とアメリカ側に答えていたのである。ならばアメリカ側が「日米同盟は解消してしまえ」との結論にいたるのも無理はない。

同工異曲の主張はこの時期、かなり多く見られた。

アジア政策の民間の権威だったカリフォルニア大学のチャルマーズ・ジョンソン元教授は、有力外交雑誌「フォーリン・アフェアーズ」一九九五年八月号に長文の論文を発表し、日米同盟の解消を提言した。

〈アメリカは日本防衛のために莫大な代価を払っているのに、日本は集団的自衛権の禁止を口実に、自国の安全保障はもちろん、地域的、国際的な安保課題への責任も負わない異常な国となっている。

日本は同盟国が攻撃を受けても座視するままである。日本がアメリカのアジア戦略保持の真のカナメとなるには、集団的自衛権の行使をはじめとする日米同盟の双務的結びつきへの変質が欠かせない。それができない場合、同盟は平和的に解消するべきだ〉

じつに激烈な主張だ。

日本の集団的自衛権の行使禁止は、アメリカ側から見れば、日米同盟の重大な欠陥だとする認識は、この時期でもすでに超党派の主張となっていたのだ。

一九九六年には、民主党系ブルッキングス研究所のマイク・モチヅキ研究員も「日本側の、憲法を根拠とする集団的自衛権禁止は、同盟から双務性をあまりに多く奪い、日米間にギャップを広げているため、その禁止の解除を求める米側の期待が広がっている」と懸念や期待を述べた。

アメリカ最大手の外交研究機関「外交問題評議会（CFR）」の超党派専門家集団が、一九九七年八月にまとめた日米防衛についての報告書も同様だった。日本の集団的自衛権禁止を「日米同盟全体にひそむ危険な崩壊要因」と定義づけていたのだ。

そして日本側に率直にその点での政策修正を求め、「同盟をより対等で、より正常な方向へ」動かすよう、改革を促していた。

外交問題評議会自体は民主党に近く、時の民主党クリントン政権ともつながりが深かった。この報告書の作成にあたった専門家は約四十人で、ハロルド・ブラウン元国防長官、リチャード・アーミテージ元国防次官補らが名を連ねていた。

この報告書の特徴の一つは、朝鮮半島での戦争や台湾海峡での軍事衝突というシナリオに、日本の支援を盛りこんでいないことだった。日本は集団的自衛権行使の禁止により、実際には米軍への何の支援もできないだろうという最悪の可能性を想定し、初めから計算に入れていなかったのだ。

同報告書はそのうえで「有事の際に日本のそうした〝回避〟があらわになれば、アメリカ国民は大きな失望に見舞われ、日米同盟自体が危機に瀕する」と警告した。

改憲を要求してきたアメリカ

二〇〇一年一月に登場したブッシュ政権も、対日同盟の強化策を前面に打ち出し、その方法として日本の集団的自衛権の行使解禁を暗に求めていた。その種の意見が、同政権の最初の駐日大使のハワード・ベーカーからも「日米同盟の双務性の必要」として具体的に表明された。

二〇〇一年六月にはブッシュ政権に近い有力研究機関のヘリテージ財団が「日米同盟の重要性が高まったからこそ、日本の米軍との有事の効率的な協力や、国連平和維持活動への参加を阻む集団的自衛権行使の解禁を求める」という政策提言報告を出した。同報告はそのための日本の憲法改正をも提唱していた。

二〇〇五年七月にも、ヘリテージ財団は再び日米同盟の強化についての報告書を出し、「その最大の障害は日本側の集団的自衛権の行使禁止だ」と強調した。現状のままでは、日本は同盟相手のアメリカが進める、グローバルかつ地域的な安保活動に協力できないとして、時のブッシュ政権が日本側に「憲法第九条の解釈変更によって集団的自衛権を解禁することを求める」よう提案していた。

二〇〇六年には、北朝鮮の核兵器開発をはじめとする挑発的な行動がさらにひどくなった。中国も軍拡をさらに進め、海洋領有権の拡大をいっそう野心的に推進するようになった。アメリカはこうした動きへの抑止の対応を迫られ、そのためには日本にもより多くの、できれば対等な同盟パートナーとして、全面的な防衛協力を求めるようになっていく。

日米両国間では、共同のミサイル防衛を構築する計画も実行に移された。だがその過程でも、またまた日本の集団的自衛権の行使禁止が障害となり、アメリカ側から批判されることとなった。北朝鮮が発射した弾道ミサイルを、日本は自国領土に落ちてくることが確実な時だけしか迎撃できず、アメリカ領土に向かいそうなミサイルには手出しできないというのだから当然だろう。

二〇〇六年十月、ワシントンのもう一つの大手シンクタンク「ＡＥＩ」が、北朝鮮のミサイル迎撃のための日米共同努力は、日本の集団的自衛権行使の禁止により大きく妨げられているとする報告書を発表した。「日本の集団的自衛権行使の禁止は、アメリカにとって受け入れ難い負債だ」とまで断定し、日本側に行使解禁をはっきりと要求してきたのである。

アメリカ側からみれば、日本の集団的自衛権の行使禁止は日米同盟の深奥部に刺さったトゲなのである。いやトゲ以上に、同盟の機能を構造的に抑えつけ、ゆがめ、アメリカ側だけに一方的な負担や犠牲を強いる原因ということになるのだ。

それでもアメリカ政府当局が、公式かつオープンな形で、日本政府に集団的自衛権の行使容認を求めることはまずない。一国の防衛政策の根幹、まして憲法という大きな課題にからむ案件で、他国に対して露骨に要求や指示をすることは不適切だと考えているからだろう。そんな要求はあからさまな内政干渉という印象さえ与えかねない。そんなことで日米同盟の機能している部分まで壊すような事態は避けたい、という考えではないか。

しかしアメリカ側にこれほど広く深く、しかも長年の間、定着した不満があることは、日本にとってまた別の重大な意味を持つ。日本が、いざという際の自国の防衛をアメリカに委ねている以上、同盟が〝ゆがむ〟要因は、深刻な悪影響につながりかねない。

なにより、アメリカ国民が真相を認識し、こんな不公正、不平等の同盟はもう止めてしまえ、と声をあげる可能性もあるのだ。アメリカが他の諸国と結ぶ同盟において、こんな片務的な関係は日本以外、どこにも存在しないからである。

日本に集団的自衛権の解禁を望むというアメリカ側の本音は、軍事面で及び腰と評され続けたオバマ政権になっても変わらなかった。アメリカ側の国防予算の削減などにより、日本の防衛貢献を増やすことへの期待が高まり、集団的自衛権解禁の求めも、むしろ強くなった気配が感じられた。

内政干渉を気にするオバマ政権が、そうした期待を公式に言明することはなかったが、アメリカの本音はますます明白となっていった。

アメリカの議会調査局が二〇一〇年七月に出した、日米防衛協力についての報告書はその象徴だった。連邦議会の上下両院議員たちの議案審議用に多様なテーマを調査し、参考とするための報告書作成が、この議会調査局の任務である。報告の内容は常に超党派であり、中立を目指している。

この報告書は「日米関係＝アメリカ議会にとっての諸課題」と題され、「日米防衛関係のより緊密な協力のためには、日本側の集団的自衛権の行使禁止が障害になる」と明記していた。

〈憲法第九条の制約＝アメリカが起草した日本の憲法は、日本が集団的自衛にかかわることを禁止するという第九条の現行の解釈のために、日米両国間のより緊密な防衛協力の障害となっている〉

議会調査局がここまで断言するということは、その見解がアメリカの国政でコンセンサスとして受け入れられていることの証左だろう。

トランプ政権になった現在も、アメリカ側は政府と議会が一致して「日米同盟をより堅固にするには、日本側に集団的自衛権の行使解禁を求め、その解禁を可能にするために憲法の改正も促したい」という意向を持っている。その意向は強くなりこそすれ、弱まることはないだろう。

二〇一七年五月の時点でも、アメリカ側の日本へのそうした期待は強い。

〈日本にとって憲法第九条は、同盟国との集団防衛を阻止するために、危険となりつつある〉

ウォールストリート・ジャーナル五月八日付の社説は「日本の憲法の賭け」と題する、日本の憲法改正の必要性を訴える内容だった。

同社説は論点を憲法九条に絞り、「日本は現行憲法上の制約のままでは、中国や北朝鮮の軍事的脅威にアメリカなどとともに共同対処できなくなるため、危険だ」と、正面きって憲法改正を求めたのである。

ここまで直接的なアメリカ側からの〝憲法改正のススメ〟は珍しい。しかもウォールストリート・ジャーナルは全国紙的な新聞の少ないアメリカでも最大の部数を誇り、全米規模の販売網を持つ。インターネット版も新聞サイトで全米トップを走っている。政治的には共和党寄り、保守志向とされるが、トランプ政権に批判的な論評も多く、政権側から非難の対象にもされてきた。

ウォールストリート・ジャーナルの社説は、まず安倍総理が二〇一七年五月三日付の読売新聞に掲載されたインタビューで「現行憲法を二〇二〇年までに改正、施行したい」と言明したことを取り上げ、こう評価してみせた。

〈日本国憲法を新しい現実に適合させるために刷新する必要があるという点で、安倍首相の改正への動きは正しい〉

〈アメリカにとって、日本に対する主要な懸念は、日本の軍国主義の復活を防ぐことだった時代があった。その戦後の米軍による日本占領時代に、ダグラス・マッカーサー司令官の幕僚たちは日本の新憲法の草案を作った。その核心の憲法九条は戦争を放棄し、軍隊の保有や『武力による威嚇または武力の行使』を禁じていた〉

〈しかしこの種の禁止は日本が民主主義国家となった以上、もう不要となった。だが、日本はアメリカの安全保障の傘下に避難したままでいることで満足してきた。自衛隊は日本が外部から直接に攻撃された場合にのみ、自衛行動を許されるという意味の条項によって正当化されてきた〉

〈だがこの憲法九条はもはや日本にとって危険になりつつある。なぜなら憲法九条の制約は日本の同盟諸国との集団自衛を阻止するからだ。北朝鮮の核兵器はいまや日本や世界への脅威となった。中国は軍事力の行使範囲を拡大している。

日本はいまや自国が直接に攻撃を受けていない状態でも、アメリカなどとの共同の軍事行動に参加できる攻撃能力を持つ軍隊が必要となったのだ〉

安倍首相の今回の改憲の提案への賛意を、重ねて表明したと言える。

さらに同社説は、結論として「日本の憲法改正の論議はいまや遅すぎたくらいであり、その議論は日本にとってきわめて健全である」とまでも強調していた。

海外紙による日本批判はこぞって取り上げる朝日新聞などの日本メディアは、このウォールストリート・ジャーナルの社説を黙殺した。安倍総理の改憲私案に朝日をはじめとする護憲派メディアや野党議員は猛反発しているが、国際社会の潮流から置いていかれているのは彼らのほうだと言わざるをえない。

アメリカ側の期待は、ついにここまできたのである。憲法九条の規定が日米同盟の機能にとって「危険」な障害になる、と正面から断じる意見はこれまできわめて少なかった。やはりアメリカ側の官民の日米同盟や日本の防衛努力に対する態度が、根本から変わってきたことの反映だといえよう。

日本は、「日米同盟を有効に維持していくためには、現行憲法のままでは無理だろう」という意見を、ついにアメリカ側から突きつけられたことになる。

日米同盟を保つか、憲法第九条を保つか——。これまで想像もできなかった二者択一の選択を迫られる状況が、少しずつ浮かびあがったともいえる。

さて、日本はどうするか。

国家安全保障上、戦後最大の選択となる曲がり角に、いま私たちは直面しつつあるのだといえよう。

あとがき

わが日本が危ない――

本当にそんな危機感だった。

もう少し丁寧に述べれば、次のようだろう。

日本は国の存亡の危機に面している――

本書で最も強く訴えたかったことはこの一点に尽きる。決して誇張ではない。政治的な思惑があっての作為的な警告でもない。

自分の帰属する国、日本が直面する危機への懸念が私をこの本の執筆に駆り立てたといえる。

超大国アメリカの首都ワシントンで活動する日本人ジャーナリストとして、あまりにも明白に感じてしまう日本の危機なのだ。

アメリカ側の政府や議会の官僚や議員、さらに専門家たちの日本を囲む東アジア情勢への考察を知れば知るほど、日本がいまや、かつてない国家の危機の淵にあることを実感せざるをえない。

なぜそうなのか。

その論拠は本書で十二分に報告したつもりである。日本がいまや膨張する中国の脅威に迫られ、尖閣諸島への軍事がらみの攻勢のエスカレートで、国家の根幹の安全保障を揺さぶられているという現実を、あまりに多数のアメリカ側の識者たちがなまなましく語るのだ。

しかもそのアメリカ側識者たちの危機の報告は、超大国アメリカが各種の政府情報機関をあげて収集する戦略情報を基にしている。

こうしたアメリカ側の情報や認識をまず伝える本書が主題として提起するのは、では日本はどうするのか、である。

いまの日本にとってより明白にみえる軍事的な脅威は、中国よりも北朝鮮からのそれだろう。日本の方角に向けて頻繁に発射されるミサイルや、着々と進むようにみえる核兵器の開発は、北朝鮮の脅威を露骨に日本国民に実感させる。

だがそれでもなお、より重大な脅威は中国なのである。

中国の日本に対する中期、長期の政策には侵略性がにじむ。短期にしても尖閣諸島への攻勢は中国の日本敵視の原因ではなく、結果なのである。「抗日」という大スローガンは中国共産党政権の拠って立つ基盤であり、独裁統治の正当性の根拠ともされるのだ。日本が日米同盟を捨て、尖閣諸島も放棄して、中国の影響下、あるいは支配圏内に入らない限り、中国側の反日政策は続くだろう。

しかも中国はその政策では日本が最も苦手な軍事力を、究極の切り札として迫ってくる。戦後の日本は国際関係でも自国の対外政策でも、とにかく軍事という要因に背を向けてきた。排除してきたといえよう。憲法第九条はその集約である。

だがその軍事的脅威が、いまや日本に、北朝鮮からも中国からも、目にみえる形で襲ってきているのだ。

日本はどうすればよいのか。具体的には次のような課題が迫っている。

日本に攻勢をかけて自国の影響下におこうとする中国の対日敵視の国是に、日本はどう対応すべきなのか。

中国の対日攻勢で最大の切り札である軍事力の脅威に、戦後、一貫して軍事を忌避してきた日本はどう対応するのか。

中国の攻勢への対応で日本が最も頼りにする日米同盟について、アメリカがその片務性に不満をぶつけてきたら、日本はどうするのか。日本の憲法が禁じる集団防衛をアメリカが求め、日米同盟が双務的でなければ、日本を防衛しないと示唆してきたら、どうするのか。

少し考えただけでも、こうした課題があらわになるのである。

これまでの日本はこの種の課題に迫られたとき、いつも日米同盟、つまりアメリカの軍事力の抑止効果や示威効果に頼ってきた。だがいまとなっては、トランプ政権の同盟諸国に応分の負担を求める姿勢は、そんな従来の依存を許しそうにない。

この点にも日本が直面する、別種の危機が存在するのだ。

以上のような諸点が、本書の著者としての私からのアピールである。

なお本書の内容には著者がすでに発表したニュース・評論サイトの日本ビジネスプレス掲載の連載報告なども含まれるが、全体としてはすべて大幅に書き直し、再編集した。

そのための構成や執筆にあたっては飛鳥新社の工藤博海、梶原麻衣子両氏に貴重な助言をいただいた。改めて両氏への感謝を表明したい。

二〇一七年七月

古森義久

【著者略歴】

古森 義久（こもり　よしひさ）

産経新聞ワシントン駐在客員特派員。麗沢大学特別教授。国際問題評論家。1963年慶應義塾大学経済学部卒業後、毎日新聞入社。その後に米ワシントン大学留学。72年から南ベトナムのサイゴン特派員。75年サイゴン支局長。76年ワシントン特派員。81年米国カーネギー財団国際平和研究所上級研究員。83年毎日新聞東京本社政治部編集委員。87年毎日新聞を退社して産経新聞に入社。ロンドン支局長、ワシントン支局長、中国総局長、ワシントン駐在編集特別委員兼論説委員などを経て、2013年から現職。日本新聞協会賞、ボーン・上田国際記者賞などを受賞。

戦争がイヤなら憲法を変えなさい
米中対決と日本

2017年8月9日　第1刷発行

著　者　古森義久

発行者　土井尚道

発行所　株式会社　飛鳥新社

〒101-0003 東京都千代田区一ツ橋 2-4-3　光文恒産ビル

電話（営業）03-3263-7770（編集）03-3263-7773

http://www.asukashinsha.co.jp

装　幀　大谷昌稔（大谷デザイン事務所）

地図作製　有限会社ハッシイ

印刷・製本　中央精版印刷株式会社

ISBN 978-4-86410-565-1

編集担当　工藤博海　梶原麻衣子